建築工程表の作成実務
第三版

工程計画研究会【編著】

第三版発刊に向けて

[工程計画作成の使命]

建物を建設するとき，建築主が事業計画を企画決定した時点から，一つのプロジェクトとして進められ，設計段階を経て各種の工事が施工され，形として完成されるまでの時間的な管理，すなわち，工程管理がたいへん重要な要素となる。

このプロジェクト発足の段階において，事業計画に見合った工期が設定され，その計画に基づいて実施設計や工事期間の概略が設定される。

建築物の完成は，契約図書に示された所要の品質の確保はもちろんのこと，さらに，品確法などが求めている性能・機能を保証する品質の確保も同時に求められる。

施工者として，着工から竣工までの各工事について，上記の品質確保に加え，安全性，経済性を考慮しながら，決められた工期内に建物を完成させることが使命となる。

[工程計画作成のむずかしさ]

施工者として，決められた工期内に建物を完成させるためには，工事全般にわたって多方面から検討を重ねて，効率的，経済的でかつ適正な施工計画，工程計画を作成することが重要である。

従来であれば，「カン」と「経験」を頼りに，何とか工程計画の立案が可能であったが，最近の建物は大型化，高層化，インテリジェント化などと多様性をもった建物も数多く，適正な工程計画を作成するには，完成までの工事全般を掌握できるような熟達した経験のほか，高度な技術知識と分析能力，各種機械の性能や完成までの作業のイメージング，建物の立地環境や地域性による自然条件などと，多要素の組立てができなければ工程計画の作成はむずかしい。

[本書の目的]

本書は，ゼネコン各社の第一線技術陣によって，入社

3～5年と比較的経験の浅い技術者を対象に，工程計画の重要性と工程表作成に当たっての基礎的な知識や，工程とはいかなるものか，どのような考え方のもとで計画しなければならないのか，作成の手順などをモデル建物や事例を通して，わかりやすく短期間で理解できるように解説している。

[本書の構成]

　第1章では，工程計画の基礎知識として「工程表の種類」「概略工程表，標準工程表，契約工程表，実施工程表などのそれぞれの違い」「ネットワーク工程表」「実働と暦日」「実働日数の暦日換算」「雨天などを考慮する工事」「作業休止日の割増し」「納入工程」について解説している。これらにより，工程計画の基礎知識と，工程表作成の基本的な考え方が理解できると思う。

　第2章では，第1章の基礎知識をマスターしたうえで，「準備工事」から「検査・引渡し」までの各項目について，所要日数の算定方法を解説している。算定に当たっての留意事項，工期短縮の手法や安全上のポイント事項などについても述べている。この作業の流れに従って，自分の現場の作業手順を検討し，施工数量を算出して実際の歩掛りを当てはめて所要日数を算出してみるとよい。

　第3章では，鉄骨鉄筋コンクリート造のモデル建物の工事別工程算定をしてみた。また，算出した所要日数と手順をもとに，全体工程表を作成し，さらに，サイクル工程を表示しグラフによる概算日数とも比較してみた。その他ビルタイプの建物を事例に歩掛りによる工程を算定した。あくまで工程を支配するクリティカルパス上の作業手順のみを算定している。なお，木造戸建て住宅などは，個別条件が多種多様なため，工事別工程算定が参考とならないので，本書では取り扱わないこととした。

　第4章では，「工事別歩掛り標準データ」を記述した。歩掛りは絶対的なものではない。地域性や動員力，熟練技術者の員数，天候，建物の難易度などさまざまな条件により異なるので，一般的には，標準的数値を用いることを推奨したい。

　第5章では，「工程計画の新しい方向」として，合理化，工業化などの施工について解説した。

　本書は，月刊「建築の技術　施工」誌（休刊中）1995年4月号～1996年11月号まで「工程計画をどうやって立てるか」というタイトルで連載されたものをもとに，研究会のメンバーによって，若い技術者が参考書として利用できるように，周到に加筆・訂正・再編成を行った。

　第一版発刊以来，数多くの建築技術者に活用され支持されてきた。私たち「工程計画研究会」は，この間に，読者諸賢をはじめ多くの方々からのご指摘・ご指導をいただいた内容などについて改訂を進めた。

　第二版では，省庁の名称変更，建築基準法の改正，騒音・振動規制法の改正，そして新たに加わった，品確法，建設リサイクル法の施行などによる内容の見直しを行った。今回の改訂でも第二版後の基準法や規準の改正にともなう内容，誤字，脱字，わかりにくい表現などについての全面的な見直しを行った。

　本書が，建築界のこれからを担う若手技術者の技術向上に，資格取得をめざす方々に，大学・専門学校で建築を専攻される方々に，平易な手引書としてお役に立てればと念願している。

（2018年10月　工程計画研究会）

目　次

2…第三版発刊に向けて

7…第1章［工程計画の基礎知識］

8…1．工程計画とは何か
　　◆工程表の種類

11…2．工程表の分類
　　◆概略工程表◆標準工程表◆契約工程表◆実施工程表

17…3．ネットワーク工程表の解説
　　◆基本用語◆基本ルール◆作業時刻の意味と計算◆余裕時間の意味と計算◆クリティカルパス

24…4．実働と暦日
　　◆実働とは◆暦日とは◆実働日数と暦日換算◆雨天などを考慮する工事◆作業休止日の割増し

28…5．納入工程

29…第2章［工事別工程の算定］

30…1．準備工事
32…2．解体工事
34…3．山留め工事
36…4．杭打ち工事
40…5．土工事
45…6．基礎躯体工事
48…7．地下躯体工事
50…8．鉄骨工事
53…9．地上躯体工事
56…10．内部仕上げ工事
64…11．外部仕上げ工事
71…12．外構工事
77…13．検査・引渡し

81…第3章［歩掛りによるモデル建物の工程算定］
　82…1．モデル建物概要
　85…2．モデル建物の工事別工程算定
　　　①準備工事　②解体工事　③山留め工事　④杭打ち工事　⑤土工事
　　　⑥基礎躯体工事　⑦地下躯体工事　⑧鉄骨工事　⑨地上躯体工事
　　　⑩内部仕上げ工事　⑪外部仕上げ工事　⑫外構工事　⑬検査・引渡し
　100…3．全体工程算定
　　　◆全体工程表の作成◆サイクル工程◆グラフによる概算工程
　105…4．ビルタイプ別工程算定事例
　　　①鉄筋コンクリート造会館　②鉄筋コンクリート造共同住宅
　　　③鉄骨造小規模ホテル

119…第4章［工事別歩掛り標準データ］

135…第5章［工程計画の新しい方向］

　136…1．合理化・工業化工法などの発展にともなう歩掛りデータの変化
　　　◆工期短縮手法◆工業化工法の採用により構造部材のPCa化や仕上げ部材を工場ユニット化したもの◆自動化建設システム◆その他の工法について◆型枠工事の合理化◆工業化・省力化工法例

工程計画研究会委員　　　　　　　　　　　　　　　　　　　　　　　（1998 年 5 月）

逸見義男（へんみ　よしお）　日本大学
岩波光一（いわなみ　こういち）　戸田建設
菊池俊一郎（きくち　しゅんいちろう）　松井建設
鈴木克幸（すずき　かつゆき）　東海興業
田中寿一（たなか　じゅいち）　大成建設
千坂茂（ちさか　しげる）　藤木工務店
中島英夫（なかじま　ひでお）　戸田建設
西川操（にしかわ　みさお）　ナカノコーポレーション
村瀬憲雄（むらせ　のりお）　大成建設
山川和夫（やまかわ　かずお）　フジタ

工程計画研究会第二版改訂委員　　　　　　　　　　　　　　　　　（2003 年 12 月）

奥地正敏（おくち　まさとし）　戸田建設
鈴木克幸（すずき　かつゆき）　東海興業
西川操（にしかわ　みさお）　元ナカノフドー建設
村瀬憲雄（むらせ　のりお）　Mu 建築技術コンサルタントオフィス
山川和夫（やまかわ　かずお）　田中建設
行武俊行（ゆきたけ　としゆき）　戸田建設

工程計画研究会第三版改訂委員　　　　　　　　　　　　　　　　（2019 年 1 月現在）

鈴木克幸（すずき　かつゆき）　NTT 都市開発ビルサービス
西川操（にしかわ　みさお）　元ナカノフドー建設
村瀬憲雄（むらせ　のりお）　Mu 建築技術コンサルタントオフィス
山川和夫（やまかわ　かずお）　保全工学研究所

装丁 ■ (Ya) matic studio
本文デザイン ■ 藤本宿
イラストレーション ■ 木内利夫（元戸田建設）

第1章

工程計画の基礎知識

1 工程計画とは何か

最初に，工程計画を立てるうえでの基本的な考え方，そして工程が品質や安全，原価にどのようにかかわっているのか，また，ネットワーク工程表についての用語の説明やその見方などを紹介する。

一般的に，工期とは工事の着工から竣工までの全工事期間のことを指し，工程とはおのおのの工事を計画的，かつ，能率的に行うための作業の手順のことをいう。そして工程計画は，設計図書に基づいて建物を完成させるために，能率的に，かつ経済的な面も考慮しながら，施工の順序と日程を計画するという，たいへん重要な計画である。

工程計画は，プロジェクト[1]の各段階によってその目的や精度が異なる。すなわちプロジェクトの初期の段階では，事業計画を行ううえでその工事期間がせいぜい延べ何か月になるかがわかればよいが，次に具体的に設計図が出来上がってきた段階では，建物の仕様や数量がかなり明確になるわけだから，工程表もずっと中身の濃いものになる。そして，実際に工事を施工する段階になると，契約に際して建築主が指定した工期内に建物を完成させるという条件がつくので，さらにいろいろなやりくりが必要になってくる。プロジェクトの各段階で情報の量や精度が異なることに対応して，工期についても，それぞれの局面に応じて異なった算定方法があるはずである。したがって，それぞれの局面に応じた工程計画の立て方を知っておくと，たいへん便利である。

工程はそれを計画する局面はもちろんのこと，施工法によって変化するので，とくに厳しい工期が与えられた場合などは，施工計画，つまり人や物といった資源をどのように投入するかを検討しながら，工程計画をつくりあげることが大切になる。後で詳しく述べるが，施工に際しての工程計画は一般に次の手順で行われる。

①基本方針（施工法・構法・施工順序）を決定する。
②作業リストを拾い出し，作業手順どおり並べる。
③作業ごとに施工数量を算出して，投入可能な職人数や建設機械等を選択し，歩掛りを用い作業日数を算出する。
④作業手順に沿って作業を並べ，作業日数の集計を行い，与えられた工期内に納まるように工程表を作成する。工期が超過している場合は，投入職人数や建設機械等，作業手順の変更等により調整する。
⑤工種ごとの施工計画書を作成し，工程表に基づき工事を実施する。
⑥工事の進捗状況と工程表を比較し，実施状況を把握する。場合によっては後続工程の見直しを行う。

工期が短いからといって，効率を無視して機械や人をいくらでも投入する方法はあまり感心できない。この場合，効率の良い工区分けをし，工業化工法やユニット化などの工法を積極的に採用して，無理のない工程計画にすべきである。

注1）プロジェクト：建物の企画段階から基本計画・基本設計・実施設計を経て工事の施工および完了までの全体をいう。

工程表の種類

工程表とは工程計画に従い，施工の手順，期間，他の個別工事との関係などを表したもので，表現形式として最も広く使用されているのは「バーチャート工程表（棒線工程表）」と「ネットワーク工程表」である。また，用途は異なるが出来高の進捗をチェックする図表として「出来高S曲線」も一般的である。

（I）バーチャート工程表（棒線工程表，横線工程表）

昔から工程管理の最も優れた図表として使用され，建設現場に普及されてきたもので，以前は，工程表といえばバーチャート工程表のことであった。

図1のように縦に施工順序に従った主要工事を記入し，横に暦日をとり，着工から工事終了までを横線で表す。この表示の表現は平易だが，次のような欠点もある。

①各作業の前後関係が明確にできない。
②修正が容易でない。
③部分的変更が全体に与える影響を発見できない。
④工程上のキーポイント，重点管理しなければならない作業が判断しにくい。

したがって建築工事におけるバーチャート工程表の用途としては，ネットワーク工程表との併用で工程管理の図表として使用するか，ネットワーク工程表作成の前資料として作成される。つまり工程表を作成する際には，まず各工事の作業に要する所要日数を求めるが，その日

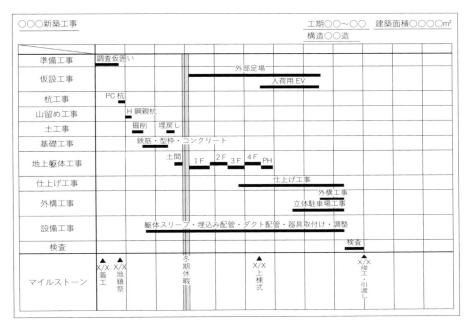

図1 バーチャート工程表例

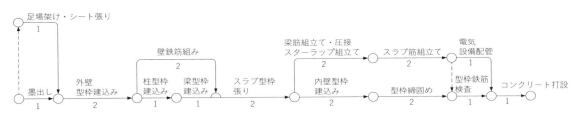

図2 アロー型ネットワーク

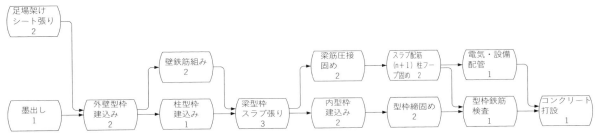

図3 サークル型ネットワーク

数を作業手順にそって図2や図3のように表現すると，全体工期における各工事の所要期間が明確に表されるからである。

また，現場で使用する重機，機械などを縦軸に挙げて使用期間を管理する図表としての使い方もされている。

(2) ネットワーク工程表

バーチャート工程表は前述したような欠点があり，そしてしだいに建築工事が巨大化し，新技術・新材料も駆使されるようになると，この工程表ではとうてい管理しきれない数々の問題が生じてきた。そのような背景から，問題を解消する工程表の表現形式としてネットワーク手法が開発（1968（昭和43）年10月）され急速に普及してきた。

ネットワーク工程表は，作業の相互関係を丸印と矢印とによって表現したものであり，イベントを中心として記述し，作業の開始，終了時点に重点をおき矢線（アロー，アクティビティ）で表すアロー型ネットワーク（図2）と，作業単位を楕円形（サークル）で囲み作業手順のフローに重点をおいた表現のサークル型ネットワークとの二つのタイプがある（図3）。一般的にはアロー型ネットワークを使っている。

ネットワーク工程表には次のような利点がある。

①クリティカルパス[2]が明確になるのでプロジェクト

の重点管理すべき部分，また余裕のある部分がはっきりする。

②作業の順序関係，開始時刻が明確なため，きめこまかな施工計画が得られ，工程の変化に対応しやすく，工事担当者間の情報伝達が円滑になる。

③施工順序が明確なので，各作業に必要な諸資源の納入・配置時刻を事前にもれなく計画することが可能になる。

④余裕時間が定量的にわかり，よりよい施工順序を計画できるため，労務計画および材料計画が円滑になる。

ネットワーク工程表の利点を理解するために，17～23頁に，アロー型ネットワーク工程表の要点と計算の仕方をさらに詳しく解説する。

注2) クリティカルパス：図4の太線は，個々の余裕のない作業の連続として，プロジェクトの開始から終了までつながった作業の流れを示している。工程管理上は主としてクリティカルパス上の作業が重点的に管理され，工期短縮を図る場合には，これ以上に作業を短縮しなければならない。

(3) 出来高 S 曲線

作業手順や日程などを直接伝えるものではなく，工事出来高の工期に対する状態を示すもので，工程，出来高の進捗をチェックする図表である。的確な工程の運営，量的把握をするうえで効果がある（図4）。

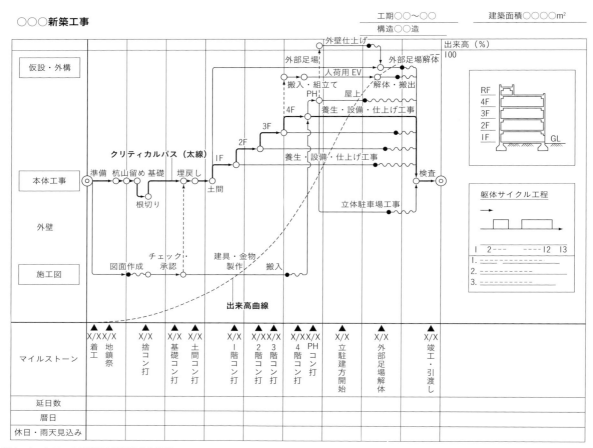

図4　ネットワーク工程表と出来高S曲線例

2 工程表の分類

　工程計画は，発注者のなんらかの意思表示がなされた段階でスタートし，企画→設計→契約→着工というそれぞれの段階を踏みながら，コスト，品質とともに検討される。そしてその局面で得られた与条件によって，また，情報の多少によって，利用目的に合った形に表現された工程表が作成される。その局面ごとに計画された工程表をどう呼ぶか，どの程度の情報が必要なのかを理解して欲しい。

　工程計画は局面に応じて，与えられる条件と，求められる内容が大きく異なる。例えば，企画段階では概略の建物規模，用途，レイアウト程度が与条件となり，求められる内容も所要延べ月程度であるが，着工後では所要数量や，具体的な施工方法，敷地環境などの情報が与条件としてあり，求められる内容も，1日単位の詳細なものとなる。

　したがって，計画手法も局面に応じて異なるため，本書では，その成果物である工程の種類別に計画手法を紹介する。工程は，求められる局面またはその利用目的に応じて，一般的には以下の4種類に分類されている。

段階別工程表

企画段階	設計段階	見積り・契約段階	施工準備段階
概略工程表 ⇒	標準工程表 ⇒	契約工程表 ⇒	実施工程表

概略工程表

　プロジェクトが企画されるとき，どの程度の費用と日数でできるか，おおよその目安をつけることがまず要求される。この目的に応じて求められるのが「概算見積り書」や「概略工程表」である。

　この段階でのインプットデータはきわめて限られており，細かい条件が不明のまま工程を計画立案しなければならない。したがって，ここで求められた工程表は，詳細な条件が提示された時点で作成される「実施工程表」とは大きく異なることが予想される。

　企画段階の工程計画とはいっても，技術的根拠をもとに工程表を作成するためには，最低限，以下の情報がインプットデータとして必要である。この与条件が欠落している場合は，企画スタッフにそれを求めるべきであるが，それができない場合は，工程計画者が自ら条件を設定し，それを明記のうえ「概略工程表」を作成することとする。

インプットデータ

- 解体…有・無
- 構造…RC・SRC・S造
- 規模…基準階床面積または延べ面積
- 地下階数…地下 n 階
- 地上階数…地上 n 階
- 杭…有・無
- 山留め…必要・不要
- 仕上げ…程度が高い・中位・低い

　「概略工程表」に求められる内容は，必要な建設期間を月単位で延べ何か月とするのが一般的である。概略工程表として作成する場合は，以下のアウトプット例に示す工事種目（表1）が表されていれば十分である。

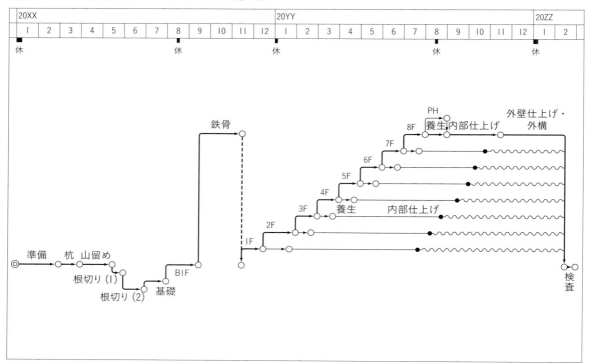

表1 概略工程表

表2 標準工程表

インプットデータ
- 敷地環境…近隣環境，周囲道路，埋設物など
- 数量…工法，部位，部材別数量
- 仕様…施工手順ほか
- 仮設…重機種類と配置，足場計画，山留め・構台計画など
- 材料…納期など
- 労務…動員能力など
- 機械…機種，配置計画など

標準工程表

　建物の基本設計が完了した時点で，当該建物の施工に必要とされる標準的な工期を算定し，工程表として表現したのが「標準工程表」である。

　この段階では，与えられた（図面より求めた）施工数量と，一般的な施工方法，および標準的な資機材や労務の投入量により，算定された所要日数を積み上げて工程表を作成する。したがって，求められた工期にはオーナーニーズが含まれておらず，「契約工程表」とは異なる。

　インプットデータは，「概略工程表」に比較するとはるかに大量の情報が入手可能であり，求められる内容も詳細で，かなりの精度を要求される。

　「標準工程表」の作成を要求される場合は，コストの算定も併せて求められている場合が多く，数量に関する情報はほとんど社内の積算部門から得られると考えてよい。当然のことながら，コスト算定のために主要な工事計画や仮設計画も行わねばならず，概略の構工法の検討もなされる。工程表作成に必要なこれらの情報は以下のインプットデータを入手したうえで，計画に着手しなければならない。

　所要日数の算定に当たっては，クリティカルパス上にのる工事種目を，歩掛りをもとに詳細に検討し，1日単位で表現する。ここで求めた所要日数は，あくまで標準的な投入量をもとに所要日数を算定していることを忘れてはならない。

　標準工期の算定方法はコストと直接結びついているため，通常は官庁，設計事務所，ゼネコンなどが独自に保有していても，それを公表することはない。したがって，本書ではあくまで参考程度の扱いとし，基本的には読者諸兄の所属団体の基準に従って算定することをお願いしたい。工程表のフォーマットは各社独自のものを保有していると考えられるが，ここでは一般的に「標準工程表」で表現すべき内容について表2に例を示す。

インプットデータ
- 数量…積算（工法，部位別数量）
- 仕様…設計図書
- 構工法…施工計画，総合仮設計画
- 敷地環境…現地調査

契約工程表

　「契約工程表」は，文字どおり契約時に提出する工程表で，建築主の指定工期に間に合うように作成されたものである。一般的には，標準工期より建築主の指定工期のほうが短い場合が多い。したがって「標準工程表」をたたき台として，工期短縮のために，構工法の検討や，労務・資機材投入量を調整し，施主指定工期に合わせて作成するのが「契約工程表」と考えてよい。

　入手可能な情報量，求められる内容，精度は，「標準工程表」作成時とまったく同等と考えてよい。ただし，ここで提示した工期は，応札と同時に契約書の一部となり，この期日より遅れることはできないため，主要な資材の発注，労務，資機材の投入量については，確実な裏付けを取っておかなければならない。なお，表現すべき内容については，「標準工程表」にならう。

実施工程表

　建物を実際施工することを念頭において作成する工程表が「実施工程表」である（表3）。準備期間が長く，詳細に検討する余裕があれば，「実施工程表」を先に検討し，それをもとに「契約工程表」を作成する場合もあるが，通常は工事受注後，「契約工程表」をもとに「実施工程表」を作成すると考えてよい。

　実際の施工を念頭に作成する工程表であるから，そこに求められる内容は自ずと具体的な内容を詳細に示す必要がある。したがって，それを作成するために必要とされる情報量も非常に多く，高い精度を要求される。

　材料や製品のメーカーを具体的に絞り込み，その製造能力，納期などを特定しなければならないし，主要な施工業者も，その動員力に関する情報入手のために特定する必要がある。施工機械についても実際調達可能な機種に限定し，具体的な工事計画を立案し，それに基づいて工程表を作成しなければならない。つまり，「実施工程表」の作成には工事計画が必要不可欠であり，並行作業として常になされる。

　工程表の作成方法は，クリティカルパス上の工事種目について契約工期に間に合うように割り付ける方式がとられる。割り付ける方法としては，最初に現場固有の条件により動かすことが困難な期日を固定して考え，次に余裕のある仕上げ日数を確保する。その後に工事着工から順に標準的な工期を積み上げる（表4）。この場合標準的な工期で間に合わない場合は，資源の投入量を調整するが，この投入量に無理がなければ，そのまま清書すればよい。資源投入量に無理が発生した場合は，工法の変更や，場合によっては構法の変更を余儀なくされる。しかし，この時点での構法変更は時間的に不可能な場合がほとんどであるし，このような手法によらなければ短縮できない工程計画には，もっと以前に問題があったと言わざるをえない。このような問題は，企画または計画段階で解決しておかなければならない重要な問題なのである。それに比較して，工法変更はコストを別にすれば，比較的容易に行える。

　このようにしてクリティカルパス上の工事種目に関する工程を作成した後に，それに付随する主要な工事の工程を決定し，作成を終わる（表3）。

No	作業名	開始日	終了日	実働日数	休日・作業不能日日数	暦日日数	累計日数
1	準備工事	20XX年1月1日	2月26日	43	14	57	57
2	山留め工事（SMW壁）	2月27日	4月6日	32	7	39	96
3	杭工事（アースドリル現場造成杭）	4月7日	5月11日	24	11	35	131
4	1次根切り	5月12日	5月16日	4	1	5	136
5	構台架設	5月17日	5月26日	7	3	10	146
6	切梁架け	5月27日	6月21日	20	6	26	172
7	2次根切り（杭頭処理ラップ作業）	6月22日	6月25日	4	0	4	176
8	杭頭処理（床付けラップ作業）	6月26日	6月29日	3	1	4	180
9	床付け・捨コンクリート打設	6月30日	6月30日	1	0	1	181
10	基礎躯体工事	7月1日	7月23日	18	5	23	204
11	切梁解体	7月24日	7月25日	2	0	2	206
12	地下1階躯体工事	7月26日	9月1日	25	11	36	242
13	構台解体	9月1日	9月4日	4	0	4	246
14	鉄骨建方（外部足場ラップ作業）	9月5日	11月9日	45	20	65	311
15	1階立上り躯体工事	11月10日	12月11日	25	7	32	343
16	2階立上り躯体工事	12月12日	20YY年1月12日	25	7	32	375
17	3階立上り躯体工事	20YY年1月13日	2月14日	25	8	33	408
18	4階立上り躯体工事	2月15日	3月14日	25	7	32	440
19	5階立上り躯体工事	3月15日	4月14日	24	7	31	471
20	6階立上り躯体工事	4月15日	5月16日	24	8	32	503
21	7階立上り躯体工事	5月17日	6月14日	24	5	29	532
22	8階立上り躯体工事	6月15日	7月14日	24	6	30	562
23	養生期間（8階）	7月15日	8月12日	21	7	28	590
24	防水・外部仕上げ工事	8月13日	11月20日	75	24	99	689
25	外構工事（器具付け・試運転ラップ）	11月21日	20ZZ年1月29日	46	24	70	759
26	社内検査	20ZZ年1月30日	2月10日	8	4	12	771
27	竣工検査・引渡し	2月11日	2月28日	14	4	18	789
	計			591日	198日	789日	789日

表4　工事日程表リスト（実施工程）

　表4は所要日数算定に当たってのクリティカルパスを表にしたものである。この場合の所要日数は，次章で述べる算定手順，歩掛りによって算定される。そのためには，実際の施工を念頭において，より具体的な施工方法を検討し，高い精度の施工数量をつかみ，計画に見合った資機材や労務投入量を検討したうえでの工事計画を行う必要がある。さらに，契約工程作成の際と同じく，年末年始や5月の連休，盆休暇など長期休暇予定を考慮する必要がある。

工 程 表

○○ 新築工事
着工日 20XX年1月1日
竣工日 20ZZ年2月28日 (789日間)

表3 実施工程表

上記の通り提出いたします。
20WW年2月10日

工程検討手順

①移動困難な期日の固定
- 近隣説明　●確認申請
- 諸官庁届出と許可　●図面承認と製品の納期
- 上棟，部分竣工などの期日
- 設備，機械，別途工事の期間
- 各種検査，機器調整などの期間

②余裕ある仕上げ期間の確保
③クリティカルパス工事の標準日数算定
④資源投入量の算定
⑤工法変更
⑥クリティカルパス工事以外の工程割付け

　工程表は1日単位で表現し，工事施工工程のみならず，製作物の図面承認から製造，納品までの工程や，諸官庁届出書類の期日，躯体の詳細なサイクル工程，仕上げのタクト工程なども併せて表現しておかなければならない。場合によっては，労務，資材，電力などの投入量の山積みを表現する場合がある。

　できる仕事はできるときにやっておくという，前詰めの工程表現を基本的な考え方とし，余裕のある工事については，フロートが後に出る表現とする。

3 ネットワーク工程表の解説

ネットワーク工程表には，作業を矢線で表示するアロー型（Arrow Diagram）と，作業を楕円で表示するサークル型（Circle Diagram），またはイベント型（Event Diagram）がある。ここでは，一般的に広く使われている，アロー型について要点のみ説明する。

基本用語

(1) 作業（Activity：アクティビティまたは Job：ジョブと呼ばれる）

矢線（→）で表す。アクティビティと呼ばれ，作業活動，見積り，材料入手など時間を必要とする諸活動を示す。矢線の要点は次のとおりである。

① 作業名は矢線の上に書く。作業に必要な時間（Duration：デュレイション）は矢線の下に書く。矢線の長さとは無関係である。

② 作業（矢線）は，作業が進行する方向（左から右）に表す。

③ コンクリートの養生期間や，材料の発注後搬入までの期間も矢線（→）で表示する。

(2) 結合点（Event：イベントまたは Node：ノードと呼ばれる）

結合点は○印で表され，作業の開始または終了点を示す。結合点の要点は次のとおりである。

① 結合点には番号（正の整数）を書き，これを結合点番号またはイベント番号と呼ぶ。

② 作業は，結合点番号で呼ぶことができる。

③ 一つのネットワーク工程表で，結合点番号は同じ番号が二つ以上あってはならない。作業を結合点番号で呼ぶときに不具合が生じる。

④ 結合点番号は，作業の進行する方向に向かって大きな数字となる。

⑤ 作業（矢線）が一つの結合点に到達した矢線（矢印）は，完全にその作業は終了したと見なし，結合点から出て行く矢線（作業）は，次工程の作業の開始である。

⑥ 結合点は時間的にはゼロとして扱う。

(3) ダミー（Dummy）

破線の矢線（⇢）で示し，架空の作業（Dummy）の意味で，作業の前後関係のみを表し，作業そのものではなく，時間の要素も含まない。時間的にはゼロである。

基本ルール

(1) 先行作業と後続作業の表示

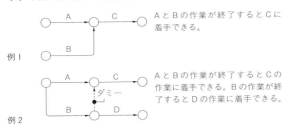

例1　AとBの作業が終了するとCに着手できる。

例2　AとBの作業が終了するとCの作業に着手できる。Bの作業が終了するとDの作業に着手できる。

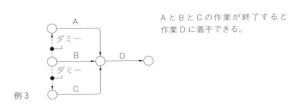

例3　AとBとCの作業が終了すると作業Dに着手できる。

結合点に入ってくる矢線（先行作業）がすべて完了した後でないと，結合点から出る矢線（後続作業）は着手できない。

(2) 同一結合点から後続の結合点に入る矢線の制限

一つの結合点から次の後続結合点に入る矢線の数は，1本でなければならない。これは，作業を結合点番号で呼ぶ場合に不具合が生じるためであり，ダミー表示を使って，先行作業，後続作業を整理して表示する。

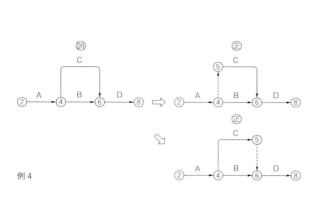

例4

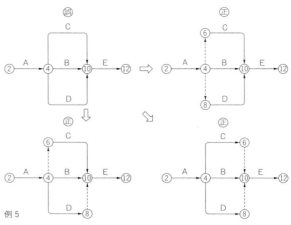

例5

(3) サイクル表現となる矢線の使い方の禁止

矢線を右方向の作業の流れに沿って表示すれば，問題は生じないが，矢線を戻すようにすると作業がループしてサイクルとなるので，そのような使い方は用いない。

作業Aが終了するとCとFの作業が開始できる。

作業BとCが終了すると作業Dが開始できるが，このとき作業Cは作業Aと作業Eが終了している条件である。

作業Dが終了すると作業Eと作業Hの作業が開始できる。

作業Eと作業Aが終了すると，作業Cと作業Fの作業が開始できる。この時点で作業Cと作業Dと作業Eはループしてしまう。作業Eの矢線を戻して表示したためで，誤りである。

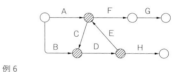

例6

(4) ネットワークの開始結合点と終了結合点は必ず一つ

一つのネットワークでは，工事着手の結合点と工事完了の結合点は一つでなければならない。このルールは工程の所要計算をする際の重要な約束事である。

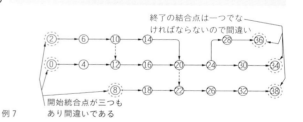

例7

作業時刻の意味と計算

ネットワーク工程表は，施工手順の組立てが終わり，それぞれの作業手順が矢線で結ばれると，次に所要時刻の計算をしながら，所定の工期内に完了するかどうかの，作業時間の計算と調整が必要になる。その作業時刻を管理する方法として四つの時刻を知らなくてはならない。以下に，四つの作業時刻の意味と計算の方法を説明する。

(1) 最早開始時刻（E・S・T = Earliest Start Time）

意味：任意の作業 ①→① が最も早く開始できる時刻のことである。この章では最早開始時刻を△で表す。

最初に最早開始時刻△を計算する。前から後方へ，それぞれの所要時間を加算する前方加算法で時間を計算する。

例8の作業⑥→⑧の最早開始時刻は，△+6=9 と △+0=11 の二つの矢線（作業）を計算し，数値の大きいほう（11>9）を用いる。同様に，作業⑩→⑫の最早開始時刻は △+2=18 と △+5=16 を比較し△とする。結合点④から，結合点⑥の破線（ダミー）は時間的にはゼ

ロである。最終の結合点⑫の△は所要工期または計算工期と呼ぶ。

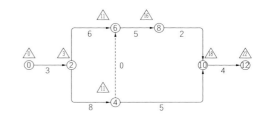

例8

(2) 最遅終了時刻（L・F・T＝Latest Finish Time）

意味：工事を工期内に完成させるために，各結合点が遅くとも終了しなければならない時刻のことである。この章では最遅終了時刻を□で表す。

最早開始時刻の次に最遅終了時刻を計算する。この計算は最終結合点の△の値を□の中に入れ22として，その作業の持つ所要時刻を減ずる方法で行う。後方からの減算法である。

例9の結合点④の最遅終了時刻の計算は，結合点⑥の11からダミーの0を引き算（11−0＝11）し，また，結合点⑩の18から作業④→⑩の所要時間5日を引き算（18−5＝13）して，値を比較し（11＜13）その値の小さいほうを結合点④（作業②→④）の最遅終了時刻11とする。作業⓪→②の最遅終了時刻は，11−6＝5と11−8＝3を比較して，小さいほうの値3をとる。

この最早開始時刻E・S・Tと最遅終了時刻L・F・Tの計算を表すと，表7のようになる。

例9

結合点	E・S・Tの計算	L・F・Tの計算
⓪	△とおく	3−3＝0
②	△+3=△	11−6＝5 11−8＝3 } 3＜5ゆえに 3
④	△+8=△	11−0＝11 18−5＝13 } 11＜13 ゆえに 11
⑥	△+6=9 △+0=11 } 9＜11 ゆえに △	16−5＝11
⑧	△+5=△	18−2＝16
⑩	△+2=18 △+5=16 } 16＜18 ゆえに △	22−4＝18
⑫	△+4=△	△の値を22とおく

表7

(3) 最早終了時刻（E・F・T＝Earliest Finish Time）

意味：任意の作業が最も早く終了する時刻のことで，最早開始時刻△にその作業の所要時間を加えたもの。

例えば，例9の作業④→⑩の最早終了時刻は16日（△+5=16）である（例10）。

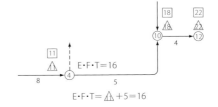

例10

(4) 最遅開始時刻（L・S・T＝Latest Start Time）

意味：任意の作業が遅くともその時刻に開始しないと所定の工期に完成できなくなる時刻のことである。任意の作業の最遅終了時刻□からその作業の所要時間を減じた時刻。

例えば，例9の作業④→⑩の最遅開始時刻は13日（18−5＝13）である（例11）。

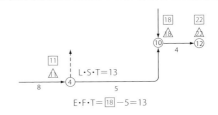

例11

余裕時間の意味と計算

　結合点に複数の作業が集まる場合，それぞれの作業の所要時間に差があるのが普通である。それらの作業の中で早く完了する作業と最も遅く完了する作業とでは時間的に余裕が存在することになる。この**余裕時間をフロート**と呼ぶ。この余裕時間には次の三つがあり，ネットワーク上では重要な意味を持つ。その一つは，トータル・フロート（最大余裕時間），二つ目はフリー・フロート（自由余裕時間），三つ目はディペンデント・フロート（干渉余裕時間）である。下記にそれぞれについての意味と計算を説明する。

（1）トータル・フロート（最大余裕時間）

　任意の作業 ⓘ→ⓙ 内で生じる最大余裕時間をトータル・フロート（T・F = Total Float）と呼ぶ。

　ネットワーク工程表でトータル・フロートを算出する例を説明する。まず，最初にネットワーク工程表の最早開始時刻（E・S・T）と最遅終了時刻（L・F・T）を計算する。

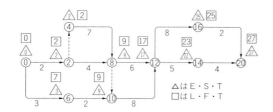

例12　△は E・S・T　□は L・F・T

　次にトータル・フロートの計算の仕方は，例12の作業⑯→⑳を例に計算してみると，T・F = $\boxed{27}$ − ($\triangle$ + 2) = 0 となる。

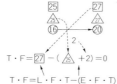

例13　T・F = L・F・T − (E・F・T)

　作業⑭→⑳ の T・F は，T・F = $\boxed{27}$ − ($\triangle$ + 4) = 1 となる。

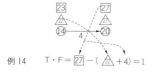

例14　T・F = $\boxed{27}$ − ($\triangle$ + 4) = 1

　全作業を計算すると，トータル・フロートは例15のようになる。

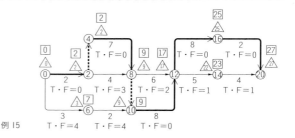

例15

　トータル・フロートの性質は次のとおりである。
① T・F = 0 の作業をクリティカル作業と呼び，T・F = 0 の作業を連続してつなぐとクリティカルパスとなる。
② T・F = 0 であれば，その作業では他のフロート（F・F = 0，D・F = 0）は 0 である。
③ 各作業の T・F を加えた分だけ，その経路に余裕時間があるのではない。
④ クリティカルパス以外の経路上で，T・F を使い切ると，その後続する作業はクリティカルパスとなる。
⑤ 先行作業で T・F を使い切れば，その作業の持つ D・F の値だけ，後続する作業の T・F は少なくなる。
（3）のディペンデント・フロートで⑤について説明する。

　ゆえにトータル・フロートの性質①は，例15の T・F = 0 の作業をつないでいくと，クリティカルパスになる。

　例12で△（E・S・T）の値と□（L・F・T）の値が等しいイベントをクリティカルイベントと呼び，クリティカルパスは必ずそのイベントを通る。なお，クリティカルパスは，太線で表示する約束となっている。例16のようになる。

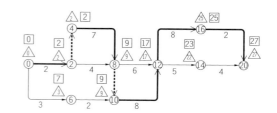

例16

(2) フリー・フロート（自由余裕時間）

先行作業で，T・Fの一部または全部を使うと，後続する作業は最早開始時刻で始めることができなくなる。しかし，先行作業で余裕時間を使っても，後続作業が最早開始時刻で開始できる余裕時間が存在する。その余裕時間をフリー・フロート（F・F）と呼ぶ。言い換えると，後続する作業に影響を及ぼさない余裕時間をフリー・フロートという。

フリー・フロートの計算は次のとおりである。例16の作業⑭→⑳を例にとると，F・F＝△－（△＋4）＝1となる。

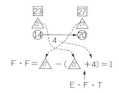
例17

次に例12のネットワーク工程表のF・Fを計算してみると，T・F＝0の作業はクリティカルパスであり，他のフロートもすべて0なので，クリティカルパス以外の作業を計算する。

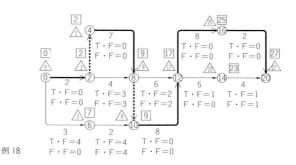
例18

フリー・フロートの性質は次のとおりである。
① F・FはT・Fと等しいか，もしくは小さい。
F・F≦T・F
② クリティカルパス上のF・Fは0であり，T・F＝0，F・F＝0，D・F＝0となる。
③ F・Fはこれを使い切っても，後続作業は必ず最早開始時刻で開始できる。

(3) ディペンデント・フロート（干渉余裕時間）

後続作業の持つT・Fに影響を与えるフロートを，ディペンデント・フロート（D・F）と呼ぶ。または，インターフェアリング・フロート（I・F，i・F）ともいう。

ディペンデント・フロートの計算方法は，
$\boxed{D \cdot F} = \boxed{T \cdot F} - \boxed{F \cdot F}$ である。移項すると
$\boxed{T \cdot F} = \boxed{F \cdot F} + \boxed{D \cdot F}$ となる。

例18のネットワーク工程表のD・Fを計算すると，例19のようになる。

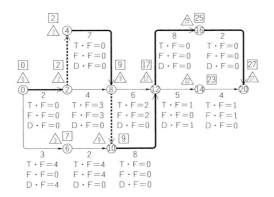
例19

次にトータル・フロートの性質の「⑤先行作業でT・Fを使い切れば，その作業の持つD・Fの値だけ，後続作業のT・Fは少なくなる」を説明する。

例19の作業⑫→⑭でT・F＝1を使い切って作業すると，⑭のE・S・Tは△となる（例20）。

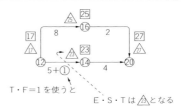
例20

T・F＝1を使う前はD・F＝1であるが，T・F＝1を使うと作業⑭→⑳のT・Fは1の値分だけ減ってT・F＝0となる。よってF・Fは△－（△＋4）＝0となり，D・FはT・F－F・Fより0となる（例21）。

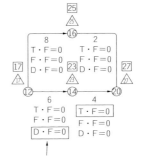
例21

ディペンデント・フロートの性質は次のとおりである。
① ディペンデント・フロート（またはインターフェアリング・フロート）は，後続作業のトータル・フロートに影響を及ぼす。
② ディペンデント・フロートは，次の関係式が成立す

る。

$\boxed{D \cdot F} = \boxed{T \cdot F} - \boxed{F \cdot F}$ である。

ただし，トータル・フロートとフリー・フロートを求めてからでないと，ディペンデント・フロートは，直接求めることができない。

クリティカルパス

次にクリティカルパスの発見の仕方を検証してみる。

例22のようなネットワークのクリティカルパスはどれか。

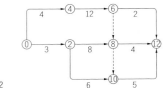

例22

(1) 各経路を計算して最も長い経路（クリティカルパス）を発見する方法

1) ⓪→④→⑥→⑫ = 18日
   　　4　12　2

2) ⓪→④→⑥→⑧→⑫ = 20日
   　　4　12　0　4

3) ⓪→④→⑥→⑧→⑩→⑫ = 21日
   　　4　12　0　0　5

4) ⓪→②→⑧→⑫ = 15日
   　　3　8　4

5) ⓪→②→⑧→⑩→⑫ = 16日
   　　3　8　0　5

6) ⓪→②→⑩→⑫ = 14日
   　　3　6　5

例23

以上，例23の6本の経路をそれぞれ計算して最も日数のかかるものは3)の21日である。よって，3)の⓪→④→⑥→⑧→⑩→⑫の経路がクリティカルパスである。

(2) クリティカルイベントを見つけてその経路を結ぶ方法

E・S・TとL・F・Tを計算し，△と□の値が等しくなるクリティカルイベントを見つけることからもクリティカルパスがわかる。クリティカルパスはこのクリティカルイベントを必ず通るので，計算すると比較的簡単に発見できる。

例24のようにE・S・T=△，L・F・T=□を計算すると，作業⓪→④→⑥までは，すぐにクリティカルイベントが見つかる。イベント⑥から⑫までの作業の最も所要時間が多い経路が，クリティカルパスとなる。よって⑥→⑧→⑩→⑫となる。

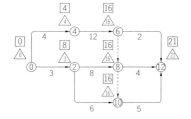

例24

(3) T・F=0の経路を結ぶ方法

T・Fを計算して，T・F=0の作業をつないでいく方法からも見つけることができる。この方法は，かなり複雑なネットワークでも容易にクリティカルパスを発見できる。次に，T・Fを計算してみると例25のようになる。ダミーは作業でないので計算はしない。

ゆえに，T・F=0の経路をつなぐと，クリティカルパスとなる。以上，アロー型ネットワークの計算の仕方を

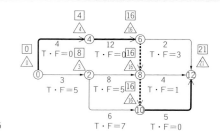

例25

述べてきた。もともとネットワークはバーチャートと違って、作業手順どおりに作業を結んで表示する工程表なので、作業の前後関係がよくわかる。余裕時間の計算によって、工期を支配する重要な経路（クリティカルパス）が明確になり、それぞれの作業の持つ余裕時間も明確になるので、重点管理する経路の発見と、多少の余裕時間の中での労務・資材の調整もできる手法である。ここでは紙面の都合上、ネットワークを用いた工程計画と工程表の作成の方法や、日程短縮の方法、資源とマンパワーなどの山積み、山崩し計画の方法などは省略する。ここまで述べてきたネットワークの計算や性質を覚えることで、おおよそアロー型ネットワークを理解できると思う。

クリティカルパスの性質は次のとおりである。
①クリティカルパス上の作業のフロートはすべてゼロである。
T・F＝0，F・F＝0，D・F＝0
②クリティカルパスとは、開始結合点から終了結合点までのすべての経路の中で、最も時間がかかる（長い）経路である。言い換えると、この経路で工期が決まっている。
③工程を短縮する場合は、このクリティカルパスに着目し、まずこの経路の短縮を考える。
④クリティカルパスは、必ずしも1本ではないので、計算するなどしてよく確認する。
⑤クリティカルパス以外の経路でも、余裕時間の小さい作業は1日、2日の遅れでクリティカルパスになってしまうので、クリティカルパス同様に管理する。
⑥ネットワークでは、クリティカルパスは通常ダミーも太線で表す。

ネットワーク工程表の用語の説明

用語	表示法・記号	意味
クリティカルパス	CP →	●開始結合点から、終了結合点に至る最長の経路
作業（アクティビティまたはジョブ）	(作業名)(時間) 例 柱型枠組立て 6日	●作業の単位。矢線（→）で表す ●作業名を矢線の上に表示し、所要時間（デュレイション）を矢線の下に表示
結合点（イベントまたはノード）	○→○ 例 ②—A—④ 3日	●丸印で表す。作業の開始点と終了点を示す ●丸印に番号（正の整数）を入れて作業を結合点番号で呼ぶことができる
ダミー	----→	●破線の矢線で表し、単に作業の相互関係のみを表示する
所要時間		●作業するのに必要な時間で、デュレイションと呼ぶ
パス		●ネットワークの中で二つ以上の作業の連なりをいう
最早開始時刻	E・S・T	●作業を始めることができる最も早い時刻
最遅終了時刻	L・F・T	●工期影響のない範囲で作業を最も遅く終了してもよい時刻

用語	表示法・記号	意味
最早終了時刻	E・F・T	●作業を終了できる最も早い時刻
最遅開始時刻	L・S・T	●工期に影響のない範囲で作業を最も遅く開始してもよい時刻
フロート	例 (3日) 〜〜〜→	●余裕時間。波線で表示し、（　）内に余裕時間を示す
トータル・フロート（最大余裕時間）	T・F	●作業を最早開始時刻で始め、最遅終了時刻で終了する場合に生ずる余裕時間 ●任意の作業でトータル・フロートを使い切れば、その後続する経路はクリティカルパスとなり、余裕時間はゼロとなる
フリー・フロート（自由余裕時間）	F・F	●作業を最早開始時刻で始め、後続する作業を最早開始時刻で始めても、なお存在する余裕時間。フリー・フロートは使い切っても、後続する経路には影響がない。ただし、ため込みができず、その作業のみで使える余裕時間である
ディペンデント・フロート（干渉余裕時間）	D・F	●別名、インターフェアリング・フロート（i・F）とも呼ばれる、後続作業のトータル・フロートに影響を及ぼす余裕時間のこと T・F＝F・T＋D・F の関係式が成立する

4 実働と暦日

実際に工程表の白紙の用紙を机の上に広げて、着工日からのカレンダーの作成の段階に入るが、実働と暦日を設定するには、地域性、気象条件、休日など考慮しなければならないことも多い。

工程表を作成するに当たり、各作業の施工数量、専門工事業者の投入可能な人員、適切な機械力の投入およびそれぞれの歩掛りなどにより、実働日数を算定する作業と、日曜・祝日および作業の不能日（降雪、降雨による作業休止日）を設定する作業が必要となる。

予想される標準的な作業休止日は表1に示すが、地域特性（イベント、祭りなど）や建築協定などによる作業休止日や時間制限、また、発注者側による休業指定日や地域的な天候条件（作業不能となる降雨、低温など）も大きな要因となるので施工場所の諸条件や気象データを収集する必要がある（表2、3に降水量と積雪の深さの例を示す）。

* 4週6休、4週8休とは、日曜日と土曜日を休みとする（事業者および官公庁の一部では、休みの週に日曜日を含め2回休日を取得すると考える場合があり、該当の週に祝日その他の休みがある場合に、これを日曜日以外の休日としてカウントする場合がある）。

* 土曜休暇は4週6休で年間26日、4週8休で年間52日となるが、その他の休止日と重複する日数を考慮して、この表ではそれぞれ4週6休で年間24日、4週8休で年間48日としている。

* 雨天休止日は、地域によって異なるので注意。26頁「作業休止日の割増し」参照。

* （ ）内は雨天休止日を含まない日数。雨天などを考慮しない場合に使用する。

	休日種別	①日曜・祝日	②4週6休*	③4週8休*
作業休止日	日曜日	52日	52日	52日
	祝日	15日	15日	15日
	土曜休暇*	0日	24日	48日
	盆休暇	5日	5日	5日
	年末年始休暇	6日	6日	6日
	雨天休止日*	13日	13日	13日
作業休止日合計		91(78)日	115(102)日	139(126)日
年間実働日(365日−作業休止日合計)		274(287)日	250(263)日	226(239)日
月平均実働日(年間実働日÷12か月)		23(24)日	21(22)日	19(20)日

表1 年間実働日数算定基準

地点	1月	2月	3月	4月	5月	6月	7月	8月	9月	10月	11月	12月	年	地点	1月	2月	3月	4月	5月	6月	7月	8月	9月	10月	11月	12月	年
札幌	3.7	2.6	2.3	1.6	1.7	1.5	2.5	3.5	3.8	3.1	3.2	3.7	33.1	飯田	2.2	2.9	5.1	4.5	4.9	5.9	5.9	4.2	5.8	4.3	3.0	1.7	50.5
函館	1.4	1.3	1.4	2.1	2.8	2.3	4.3	4.6	4.3	3.0	3.5	2.4	33.9	軽井沢	1.0	1.3	2.6	3.0	4.4	5.6	5.9	4.3	5.4	3.6	1.8	0.8	39.8
旭川	1.0	0.6	0.9	1.2	1.9	2.1	3.5	4.2	3.9	3.6	4.2	2.1	29.2	岐阜	2.3	2.9	4.8	4.9	6.1	6.8	7.4	4.2	5.9	2.9	1.9	1.9	53.9
釧路	1.4	0.8	1.8	2.2	3.5	3.2	4.0	3.8	4.6	2.8	2.0	1.6	31.7	高山	2.9	3.4	4.4	4.3	4.4	5.3	6.8	4.8	6.0	4.1	3.5	2.6	52.5
帯広	1.4	0.7	1.2	1.7	2.6	2.6	3.8	4.0	4.2	2.4	1.7	1.6	27.9	静岡	2.6	3.0	5.9	5.4	5.6	6.3	6.3	5.1	6.6	4.8	3.4	2.1	57.4
網走	1.2	0.7	0.9	1.8	1.9	1.7	3.1	3.0	3.3	2.1	1.8	1.1	22.5	浜松	2.0	2.1	4.8	4.8	5.5	5.8	5.3	3.3	6.4	4.7	3.0	1.6	49.7
留萌	2.4	1.0	0.9	1.4	1.7	2.0	17.	3.1	3.7	4.5	5.0	4.9	2.9	32.9	名古屋	1.8	2.3	4.6	4.6	5.4	6.1	5.8	3.4	5.3	3.7	2.5	1.5	47.2
稚内	1.4	0.9	1.1	1.4	2.2	1.8	2.9	3.4	3.8	4.6	3.9	3.0	30.4	津	1.1	2.3	3.8	4.1	5.3	6.2	5.4	3.5	5.9	4.2	2.4	1.0	44.9
根室	0.9	0.6	1.5	2.1	3.7	2.9	3.7	3.5	4.6	3.1	2.8	1.5	30.9	尾鷲	2.8	3.3	6.2	6.4	6.8	8.3	7.4	7.6	8.8	6.6	4.0	2.4	70.8
寿都	2.7	1.5	1.3	1.7	2.2	1.7	2.6	3.9	4.8	5.1	3.4	3.5	35.5	彦根	3.8	4.0	4.5	4.2	5.2	5.9	6.3	3.3	4.7	3.9	2.9	3.0	51.6
浦河	0.7	0.6	1.3	1.7	3.1	4.6	4.8	4.7	3.1	2.1	1.2	32.3	京都	1.8	2.6	4.2	4.1	4.9	6.1	5.9	3.6	4.9	3.6	2.5	1.5	45.3
青森	4.8	3.2	1.5	2.0	2.5	2.6	3.9	3.8	4.3	3.3	5.0	4.6	40.8	大阪	1.5	2.3	4.2	4.3	4.8	5.6	4.8	2.7	5.2	3.1	2.1	1.6	41.7
盛岡	1.4	1.4	2.8	3.2	3.4	3.7	5.9	5.1	4.6	3.1	2.9	2.2	39.9	神戸	1.4	2.1	3.7	3.8	4.3	5.6	4.5	2.7	3.9	3.1	2.2	1.4	38.9
宮古	1.5	1.2	2.7	2.9	2.7	3.7	4.0	4.3	4.7	2.8	2.3	1.4	35.0	奈良	1.3	2.3	3.4	3.4	4.4	5.9	5.1	2.4	5.2	3.4	2.4	1.7	43.0
仙台	1.0	1.1	2.3	3.3	3.4	4.4	5.3	4.6	4.9	3.3	1.8	0.9	36.4	和歌山	1.4	2.1	3.3	4.3	4.3	5.7	4.3	3.4	4.6	3.6	2.5	1.7	39.6
秋田	3.4	2.4	3.1	4.5	4.2	3.9	4.6	5.2	4.6	5.8	7.1	5.5	56.1	潮岬	3.0	3.0	5.6	5.8	6.1	7.9	6.3	5.4	6.5	5.9	4.1	2.2	61.9
山形	2.2	1.4	2.0	2.1	2.9	3.8	5.2	4.2	3.8	2.5	3.0	2.9	36.1	鳥取	7.1	6.5	5.6	3.7	4.4	5.6	5.9	3.7	5.6	4.3	4.9	7.0	63.7
酒田	5.4	3.3	3.2	3.7	4.0	3.9	6.4	5.7	6.2	8.5	7.5	6.3	63.1	松江	5.3	4.1	4.9	4.0	4.4	6.1	6.4	3.5	4.5	3.9	4.5	5.1	56.6
福島	1.4	1.5	2.5	2.7	2.8	3.9	5.4	4.1	4.3	3.3	2.2	1.3	35.0	浜田	3.5	2.9	4.0	4.1	4.6	6.2	6.3	3.5	4.3	3.3	3.6	3.5	49.7
小名浜	1.5	2.2	3.7	3.9	4.3	4.3	4.9	3.0	5.4	4.4	2.7	1.4	41.1	西郷	5.6	3.8	4.2	3.7	4.1	4.1	5.0	3.2	3.5	4.5	4.5	6.1	53.4
水戸	1.7	2.6	4.1	4.2	4.4	4.5	3.9	3.1	5.1	4.4	2.9	1.4	40.4	岡山	1.3	2.0	3.3	3.4	4.1	5.7	4.7	2.6	3.6	2.5	1.9	1.0	36.2
宇都宮	1.3	1.5	3.4	4.2	5.0	5.3	5.9	5.9	4.4	2.3	1.2	0.5	46.3	広島	1.8	2.5	4.3	4.3	4.7	5.0	6.0	2.9	4.8	2.5	2.3	1.4	44.1
前橋	0.8	1.1	2.0	3.5	3.5	5.0	5.3	5.3	4.9	3.3	1.5	0.5	38.2	下関	2.3	2.9	4.7	4.2	4.8	6.0	6.0	4.3	4.4	2.2	2.8	2.9	47.2
熊谷	1.1	1.0	2.5	3.1	3.7	5.0	4.6	4.1	5.0	3.9	1.8	0.7	37.4	徳島	1.2	1.7	3.2	3.3	4.1	5.9	4.2	3.7	4.6	3.4	2.7	1.2	39.4
銚子	2.7	2.9	5.2	4.2	4.6	5.0	3.0	2.4	5.4	5.8	3.7	2.7	48.0	高松	1.0	1.7	3.1	2.5	3.8	4.9	4.2	2.5	4.2	2.4	1.3	0.7	33.8
東京	1.8	2.0	4.2	4.2	4.8	5.3	4.2	3.6	5.2	4.5	2.1	1.0	45.1	松山	1.8	2.6	4.1	4.0	4.4	5.4	4.3	2.6	3.6	2.1	2.3	1.4	41.5
大島	3.5	3.8	7.3	6.4	6.5	7.8	5.3	4.2	6.8	6.7	4.7	2.9	66.0	高知	2.2	3.1	5.4	6.1	6.2	7.8	6.4	5.1	7.5	5.2	3.0	1.7	58.3
八丈島	6.1	5.6	8.7	6.8	6.8	7.7	5.5	4.9	7.2	9.0	6.4	5.3	79.5	室戸岬	2.7	3.3	5.8	6.4	6.3	7.7	7.8	6.1	7.2	6.0	3.5	2.0	60.7
横浜	1.9	2.6	4.8	4.7	5.5	5.9	4.5	3.5	6.0	5.1	2.9	1.9	49.3	清水	2.9	3.8	6.1	6.1	6.5	8.3	5.3	5.7	7.0	4.3	2.1	0.9	62.3
新潟	7.0	4.1	3.6	3.6	3.2	4.2	5.9	3.7	5.0	5.9	8.2	8.2	62.5	福岡	2.2	2.4	4.3	3.8	4.1	6.1	5.8	4.4	2.6	2.4	2.9	1.8	45.2
高田	14.9	10.2	7.4	3.5	3.2	3.9	5.7	3.4	6.5	7.9	10.8	13.4	92.0	佐賀	1.9	2.8	4.8	4.2	5.1	7.9	7.1	4.7	4.9	2.3	2.1	1.5	49.6
相川	4.5	2.6	3.1	3.1	3.4	3.9	4.4	2.8	4.6	4.5	6.0	5.5	50.5	長崎	2.0	3.2	4.9	4.4	4.9	7.5	6.5	4.2	4.2	2.7	3.1	1.9	48.1
富山	10.5	6.6	6.1	4.7	4.3	4.7	6.2	4.5	6.4	5.1	8.2	9.8	79.1	厳原	2.4	2.8	4.9	5.2	6.0	8.6	6.1	6.2	5.9	2.7	2.6	1.6	51.6
金沢	10.9	5.7	6.0	5.0	5.2	5.8	6.3	4.5	6.6	6.3	8.7	10.6	80.5	福江	3.1	3.3	5.7	5.0	5.8	7.8	5.9	4.4	5.2	2.9	2.7	1.6	55.8
輪島	7.6	4.9	5.0	4.1	4.1	5.4	5.8	4.8	5.7	5.4	7.9	10.1	68.2	熊本	2.1	2.9	4.9	4.9	5.4	8.4	7.6	4.7	5.2	2.2	2.1	1.3	51.9
福井	11.5	6.6	5.9	4.9	4.0	5.1	6.4	3.9	5.7	5.2	7.4	10.6	77.0	大分	1.3	2.0	4.3	4.1	4.5	6.5	5.7	3.4	5.5	2.5	2.4	1.1	44.1
敦賀	9.7	5.4	5.6	4.9	4.3	5.3	5.1	3.4	5.2	4.9	8.0	9.6	71.4	宮崎	2.0	3.0	6.0	5.3	6.0	9.8	6.2	6.5	6.3	3.9	2.6	1.1	60.6
甲府	1.3	1.4	3.4	2.7	3.1	4.2	4.0	3.8	4.2	2.0	1.2	0.5	30.8	鹿児島	2.8	3.6	5.6	5.0	5.6	9.2	6.3	5.3	4.7	2.6	3.0	1.7	56.8
長野	1.3	1.4	1.8	2.1	2.5	3.2	4.5	4.3	4.2	2.7	1.6	1.2	30.5	名瀬	5.8	5.5	7.8	6.5	6.8	9.0	4.1	6.1	5.8	7.5	5.2	5.3	73.5
松本	1.1	1.4	3.1	2.7	3.6	4.4	4.9	3.0	4.3	2.7	1.1	0.8	33.7	那覇	3.8	4.5	4.9	4.5	6.1	5.4	4.3	4.6	4.9	3.4	3.0	2.9	50.1

表2 日降水量10mm以上の日数（1981年から2010年までの平均値）

実働とは

実際に労働(作業)した時間(日数)のことを実働と呼び,工程表を作成するには,各工事の作業量を時間(日数)に換算して行う。その算定した日数を実働日数と呼ぶ。一般的には,式1によって算定される。

$$D = \frac{Q}{A \times S} \quad \cdots\cdots \text{式1}$$

D:実働日数(日)
Q:施工数量
A:施工能力(1日当たり)
S:投入数量

暦日とは

月日がたつことを暦日と呼ぶが,工期(工事着手から完成までの期間)として工程を表現する場合,実働日数に作業休止日(日・祝日,土曜休暇,5月の連休,年末年始および盆休暇,前記休止日と重複しない雨天などの作業不能日)を考慮した日数を暦日と呼ぶ。

実働日数の暦日換算

近年,働き方改革など企業の生産環境に変化が表れ,土曜日の完全休日,飛び石連休の連続休暇指定など,状況が大きく変化している。また,近隣との協定による休止日の指定など,工程表を作成するときは,正確な実働日数を把握し,当該建設現場に合った暦日を作る必要がある。これを実働日数の暦日換算と呼んでいる。

1年を365日として,標準的な作業休止日に対応した実働日は表1に示すが,工事の内容によって雨天休止日の考え方が異なるので,以下の項を考慮のうえ暦日換算を行う必要がある。

雨天などを考慮する工事

雨天など(降雨,降雪,低温)の自然環境によって休止日となる工事(以降,外部工事という)には,解体工事,土工事,地業工事,躯体工事,屋外工事などがある。カーテンウォール取付け工事,外部建具工事以外の屋内で作業の可能な仕上げ工事,検査などについては雨天休止日は不要となる。また,全天候方式による施工方法のように雨天などの影響を受けない場合も雨天休止日は不要となる(表1の( )内日数参照)。

次のような工事の場合のクリティカルパス上の実働日数から,表1の①~③の場合の工期を算出してみる。

例)クリティカルパス上の実働日数が,解体工事(15日),土工事(10日),地業工事(15日),躯体工事(75日),仕上げ工事(60日),検査(15)と算出された場合,表1より標準的な天候条件で,暦日換算すると下記のようになる。

Aは雨天を考慮した月平均実働日数とし,表1参照の①~③の工期を算出する。
Bは雨天を考慮しない月平均実働日数とし,表1の①~③の工期を算出する。

① 日曜・祝日:(解体+土+地業+躯体)÷A①+(仕上げ+検査)÷B①
= (15日+10日+15日+75日)÷23日+(60日+15日)÷24日
≒ 8.13 → 約8.1か月

② 4週6休 :(解体+土+地業+躯体)÷A②+(仕上げ+検査)÷B②
= (15日+10日+15日+75日)÷21日+(60日+15日)÷22日
≒ 8.89 → 約8.9か月

③ 4週8休 :(解体+土+地業+躯体)÷A③+(仕上げ+検査)÷B③
= (15日+10日+15日+75日)÷19日+(60日+15日)÷20日
≒ 9.80 → 約9.8か月

作業休止日の割増し

(1) 雨天の割増し

　基準雨天日数（10 mm 以上の雨天日数が年間 50 日間）のうち 13 日間を雨天休止日として，それより 10 mm 以上の雨天日が多い場合，雨天などを考慮する工事の期間のみを式 2 により割増しとする。割増し係数は図 1 による。

$$D = K \times d \quad \cdots\cdots \text{式 2}$$

D：割増し後の日数
K：割増し係数
d：標準日数

例）計画地の雨天日数（10 mm 以上）が年間 62 日間の場合，割増し後の日数を算定する。割増し係数は図 1 より 1.04，標準日数（雨天などを考慮する工事の実働日数）が 115 日の場合，下記のとおりとなる。

$$D = K \times d = 1.04 \times 115 = 119.6 \quad \rightarrow \quad 約 120 日$$

※雨天日数（10 mm 以上）が年間 62 日間に該当する地域は，表 2 より，酒田，大島，新潟，高田，金沢，輪島，富山，尾鷲，福井，敦賀，鳥取，清水，名瀬等が該当する。

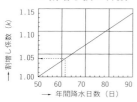

図 1　雨天割増し係数（K）

(2) 積雪割増し

　外部工事に関する期間に積雪が 300 mm 以上ある期間は，休止期間として割増しする。割増しする場合は，建設地の過去の積雪量データ「表 3　積雪の深さの階級別日数」を参照し，十分検討して行う（隣接地域でも積雪量にかなり相違があるので注意が必要）。

例）積雪期間を含む工事を受注した場合を例にして，次の手順で工期を算出する。

　工事は，積雪を考慮しなければならない外部工事の実働日数は，115 日とし，積雪時でも施工できる屋内工事の実働日数を，75 日とする。この工事では，土曜休暇はなしとする。

※積雪（300 mm 以上）が予想される地域は，表 3 より，札幌，函館，旭川，帯広，網走，留萌，稚内，寿都，青森，盛岡，秋田，山形，高田，富山，高山等が該当する。

　計画地の積雪（300 mm 以上）が 12 月 20 日から翌年の 2 月末日とした場合

① 休止期間を計算する。
　12 月 20 日～12 月 31 日までの日数，11 日間
　1 月 1 日～1 月 31 日までの日数，31 日間
　2 月 1 日～2 月 28 日までの日数，28 日間
　　　　　　　　　　休止期間は，70 日となる
　暦日上，70 日÷30 日／月＝2.33 か月

② 年間休止日から 12 月 20 日から 2 月 28 日までの重複する休止日を除くと，
　表 1 の①日曜・祭日から
　日曜日：52 日－10 日＝42 日
　祝日：　15 日－3 日＝12 日
　土曜休暇なし：0 日

　　　　　重複する休止日を除くと，70 日となる

地点	0 cm 以上	10 cm 以上	20 cm 以上	50 cm 以上	100 cm 以上	地点	0 cm 以上	10 cm 以上	20 cm 以上	50 cm 以上	100 cm 以上
札幌	132.4	111.9	100.5	62.0	4.9	長野	63.4	26.2	10.8	0.2	0.0
函館	108.4	66.2	42.2	5.5	0.0	松本	30.4	9.4	3.6	0.2	0.0
旭川	147.7	131.6	120.5	75.9	6.5	飯田	26.4	5.2	1.6	0.1	0.0
釧路	91.1	45.3	23.6	1.2	0.0	軽井沢	64.4	32.9	17.7	1.1	0.0
帯広	113.9	89.5	68.4	18.7	0.0	岐阜	13.2	2.5	0.8	0.0	0.0
網走	135.3	100.6	71.8	13.4	0.0	高山	74.4	48.9	30.2	8.0	0.5
留萌	129.2	110.5	96.9	50.1	3.9	静岡	0.2	0.0	0.0	0.0	0.0
稚内	142.0	113.1	97.4	46.6	1.0	名古屋	6.2	0.8	0.0	0.0	0.0
根室	86.7	40.7	20.8	0.7	0.0	津	4.6	0.1	0.0	0.0	0.0
寿都	120.6	96.6	75.7	32.5	0.3	彦根	25.3	7.6	3.2	0.2	0.0
浦河	66.6	21.4	4.4	0.0	0.0	京都	9.3	0.4	0.1	0.0	0.0
青森	118.4	101.0	87.6	54.2	16.5	大阪	1.5	0.1	0.0	0.0	0.0
盛岡	88.2	47.9	26.6	1.9	0.0	神戸	2.6	0.0	0.0	0.0	0.0
宮古	36.9	15.6	6.4	0.4	0.0	奈良	4.9	0.4	0.0	0.0	0.0
仙台	36.0	4.6	1.0	0.0	0.0	和歌山	0.1	0.0	0.0	0.0	0.0
秋田	85.5	41.9	22.7	2.0	0.0	鳥取	39.9	20.0	12.2	2.5	0.0
山形	86.8	54.7	35.5	8.1	0.0	松江	27.1	6.1	1.8	0.1	0.0
酒田	59.6	30.7	14.1	0.7	0.0	西郷	29.5	10.9	4.7	0.2	0.0
福島	45.9	13.0	3.3	0.0	0.0	岡山	2.5	0.0	0.0	0.0	0.0
水戸	7.3	0.7	0.1	0.0	0.0	広島	7.1	0.0	0.0	0.0	0.0
宇都宮	10.6	1.3	0.3	0.0	0.0	下関	4.2	0.0	0.0	0.0	0.0
前橋	9.4	1.4	0.4	0.0	0.0	徳島	2.8	0.1	0.0	0.0	0.0
熊谷	7.2	1.1	0.1	0.0	0.0	高松	2.3	0.1	0.0	0.0	0.0
銚子	1.0	0.1	0.0	0.0	0.0	松山	2.3	0.1	0.0	0.0	0.0
東京	4.8	0.7	0.1	0.0	0.0	高知	0.9	0.0	0.0	0.0	0.0
横浜	4.9	1.1	0.1	0.0	0.0	福岡	3.7	0.1	0.0	0.0	0.0
新潟	54.4	22.2	12.6	2.3	0.0	佐賀	3.9	0.1	0.0	0.0	0.0
高田	84.7	71.6	61.6	39.8	17.1	長崎	2.5	0.1	0.0	0.0	0.0
相川	25.0	5.8	1.4	0.0	0.0	熊本	2.2	0.0	0.0	0.0	0.0
富山	58.9	37.0	26.4	11.0	1.9	大分	1.1	0.0	0.0	0.0	0.0
金沢	50.0	24.1	15.2	5.9	0.8	宮崎	0.2	0.0	0.0	0.0	0.0
輪島	40.5	18.9	10.3	2.2	0.0	鹿児島	1.4	0.0	0.0	0.0	0.0
福井	51.5	31.3	20.7	8.8	2.0	名瀬	0.0	0.0	0.0	0.0	0.0
敦賀	33.0	20.0	13.5	6.3	1.3	那覇	0.0	0.0	0.0	0.0	0.0
甲府	9.4	2.7	1.0	0.0	0.0	昭和（南極）	—	—	—	—	—

表 3　積雪の深さの階級別日数（1981 年から 2010 年までの平均値）

盆休暇：5日－0日＝5日
年末年始休暇：6日－6日＝0日
雨天休止日：13日－2日＝11日
③作業休止日の合計
作業休止日合計＝積雪休止日＋日曜日＋祝日＋土曜休暇＋盆休暇作業休止日合計＝積雪休止日＋日曜日＋祝日＋土曜休暇＋盆休暇
＝70日＋42日＋12日＋0日＋5日＋0日＋11日＝140日

※積雪による休止期間以外の雨天休止日は，場所によって違いがあるので注意。

④休止期間以外の実働日＝1年－作業休止合計＝365日－140日＝225日

休止期間は具体的にわかるが，休止期間以外の月平均実働日を算定して工期を算定すると，工期算定の精度が増すこととなるので工期算定を以下のとおりに行う。

（3）低温日の割増し

外部工事に関する期間で1日の平均気温が5℃以下になる期間は，休止期間として割増しする。ただし，採暖養生（ヒーターなど用い作業場の平均気温を5℃以上にする場合）などを行う場合は，割増しを行わない。

例）次のような工事を例にとり，低温日の割増しの工期を次の手順で算定する。

外部工事が，1月1日から2月末日までの5℃以下に該当する場合で，土曜休暇を表1の②4週6休とする場合，低温休止期間を含む外部工事を115日，低温による影響を受けない屋内工事を75日とした場合（外部工事，その他工事の日数は，例題上の数値とする）。

①5℃以下の低温による作業休止期間を計算する
　1月1日から1月31日まで，31日間
　2月1日から2月28日まで，28日間
　　　　　　　低温による作業休止期間　59日間
暦日上，2カ月を休止期間とする。

②重複する休止日を除く
　日曜日：52日－9日＝43日
　祝日：　15日－2日＝13日
　土曜休暇：24日－4日＝20日
　　　　　　重複する休止日を除くと，94日間
　盆休暇：5日－0日＝5日
　年末年始休暇：6日－4日＝2日
　雨天休止日：13日－2日＝11日
③作業休止期間の合計を算出する
作業教師合計＝低温休止期間＋日曜日＋祝日＋土曜休暇＋盆休暇＋年末年始休暇＋雨天休止日

A_1：積雪を考慮した休止期間以外の月平均実働日
　＝休止期間以外の実働日÷（1年－作業休止期間）
　＝225日÷（365日－70日）＝0.763日
　　　　　　　　（0.763×30＝22.88日）　→　23日

B_1：雨天を考慮しない月平均実動日数（表1の①日曜・祝日枠の月平均実動
　日数の（　）内の数値。→　24日

⑤工期の算定
工期＝積雪休暇期間＋（外部工事実働日数÷A_1）＋（屋内工事の実働日数÷B_1）
　＝70日＋（115日÷23日）＋（75日÷24日）
　＝2.33カ月＋5カ月＋3.125カ月
　＝2.33カ月＋5.0カ月＋3.125カ月＝10.455カ月→10.5カ月

ゆえに，工期は，10.5カ月となる。

＝59日＋43日＋13日＋20日＋5日＋2日＋11日＝153日

※低温休止期間の重複作業休止日数，日曜日，祝日，土曜休暇，盆休暇，年末年始休暇，雨天休止日の算出について，特に雨天休止日の積雪による休止期間以外の雨天休止日は，地域によって違いがあるので注意が必要である。

④休止期間以外の実働日の計算
休止期間以外の実働日＝1年－作業休止合計＝365日－153日＝212日

休止期間は具体的にわかるが，休止期間以外の月平均実働日を算定して，工期を算定することは工期算定の精度確保となるので，工期算定を次のとおり行う。

⑤工期の算定
A_2：低温を考慮した休止期間以外の月平均実働日
　＝休止期間以外の実働日÷（1年－作業休止期間）
　＝212日÷（365日－59日）＝0.692日　（0.692×30＝20.76日）　→　21日

B_2：雨天を考慮しない月平均実働日数（表1の②の（　）内の数値22日

工期＝低温休止期間＋（外部工事実働日数÷A_2）＋（屋内工事の実働日数÷B_2）
　＝2カ月＋（115日÷21日）＋（75日÷22日）
　＝2カ月＋5.47カ月＋3.41カ月＝10.88カ月　→　10.9カ月

ゆえに，工期は，10.9カ月となる。

5 納入工程

　工程どおりに現場作業を進めるには，前もって専門工事業者，材料，施工機械などを，計画的に手配（発注）しなければならない。鉄骨，タイル，金属製建具，プレキャストコンクリート板などは，発注から納入まで製作図を含め相当の期間が必要となる。また，輸入物等は在庫の確認や場合によっては，現地加工や船舶による輸送等の期間が必要となる。近年，国際調達も実施されるようになり，ますます納入工程をあらかじめ調査，検討しておかなければならない。この納入期間が工程上のクリティカルになる場合も考えられる。また，建築と設備など両方の納まり図面をチェックしなければ発注の製作寸法が決まらない場合もあるので，関連工事と併せて検討する必要もある。

　下記に鉄骨の納入とタイルの納入までの作業の流れを概略で記載する。

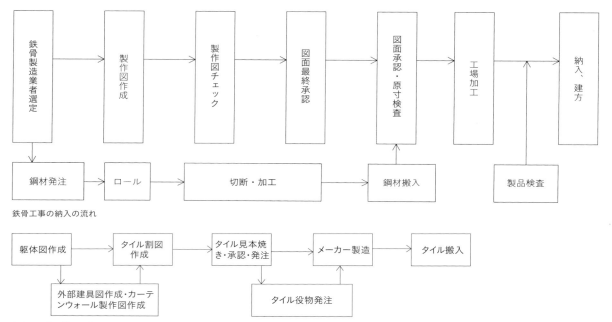

鉄骨工事の納入の流れ

タイル工事の納入の流れ

　下記に標準的な工事の主な注文品の発注から納入までの所要日数の目安について示す（規模・仕様により納入までの期日は異なる。また，特殊なものは除く）。

工事名・資材名他		発注～承認	製作～納入	工事名・資材名他		発注～承認	製作～納入
山留め	H形鋼ロール品	5～15日	30～60日	製作金物	階段手摺り（スチール）	30～60	60～45
杭	既製杭（SC杭）	5～10	30～45	タイル	注文品	60～90	45～60
鉄筋	SD 295 A，SD 345	5～15	15～30	石		30～60	30～45
	SD 390	5～15	30～60	木	造作（材工一式）	45～90	30～45
コンクリート	試し練りの場合	35～45	―	製作家具		30～45	30～45
鉄骨		45～90	45～90	ユニットバス		30～60	45～60
金属製建具	アルミ	30～60	45～60	設備・電気	盤・キュービクル	30～60	45～60
	スチール	30～60	30～45	エレベーター		30～60	60～90
	カーテンウォール	30～60	60～90				
ALC・PCa	ALCパネル	30～60	30～45				
	押出成形セメント板	30～60	40～50				
	PCaカーテンウォール	60～90	60～90				

資料1　主な注文品の発注から納入までの所要日数（実働）の目安

第 2 章

工事別工程の算定

1 準備工事

　受注が決定してから杭打ちなどの工事に着手するまでにいろいろな法律，条件をクリアし，手続きを完了しなくてはならない。これらの手続きの期間を準備工事と呼び，建物の立地条件，規模，施工計画，搬入揚重計画，用水，電力などにより大きく異なる。

主な準備工事

(1) 現地調査，仮囲い，施工計画
　1) 近隣・関係官公庁・施設などへの挨拶，敷地・近隣建物・道路・埋設物・用水・電力・地質などの調査および対策，地中障害物などの調査（・撤去）など。
　2) 現場事務所・仮囲い設置，仮設電気・用水設備など。
　3) 仮設計画，工程表，施工図，施工計画書作成など。

(2) 申請・届出手続き
　1) 工事用仮設物，仮設電気・水道・電話などの仮設建物および仮設設備に関する申請・届出。
　2) 道路使用・占用・通行禁止解除，特殊車両通行許可，沿道掘削，自費工事，埋設物の照会などの道路・道路交通法および関係法令に関する申請，届出。
　3) 適用事業・特定元方事業者開始報告，共同企業体代表者届，建設工事計画届，機械等設置届，労働災害保険，建設総合保険，統括安全衛生管理責任者などの労働基準法・労働安全衛生法および関連法令に関する申請，届出。
　4) 特定建設作業実施届出などの騒音・振動規制法および関連法令に関する申請・届出。
　5) 建設リサイクル法，関連法令などによる分別解体計画などの都道府県知事への届出および発注者への事前説明。

(3) 業者選定，発注・手配
　1) 鉄骨，杭，山留めなどの発注・手配。
　2) 生コン試験練りなど。

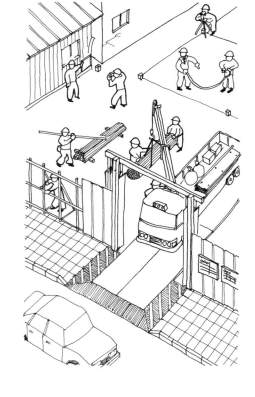

算定式（暦日）

　ここでは標準的な工事の着工から工事着手までの標準期間を申請・手配関係が主体のため暦日で表している。
　なお，時期（年末年始・年度末など），地域，内容，管理体制などにより大幅に異なる場合があるので，必要事項

を事前に打合せする必要がある。所要日数は以下1)〜5)までの最大のものとする。

1) 建設工事計画届が必要な場合は，図1の準備期間の破線による。
   深さまたは高さが10m以上の地山の掘削または最高高さ31mを超える建物の建設・改造・解体では，書類作成に2〜6週間かかり，14日前までに届出する必要がある。
2) 沿道掘削申請が必要な場合は，道路境界より20m以内の指定された区域で（杭），根切り工事などで掘削する場合（地域により異なる）。
3) 自費工事が必要な場合，歩道切下げおよび関連工事など，書類作成に1〜3週間かかり，該当工事着手4週間前（国道）2〜3週間前（地方道）に届出する必要がある。
   上記の場合の所要日数は表1参照。
4) 納入材の手配（28頁「納入工程」参照）による所要日数。

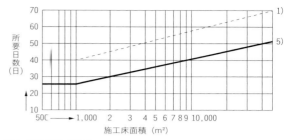

図1 準備期間（暦日）

	国　道	地方道
暦　日	45〜55日	35〜45日

沿道掘削に山留め開始までの日数
表1　所要日数（暦日）

5) バス亭移設（4〜5か月），鉄道沿線工事（2〜6か月），その他打合せによる必要日数。
6) 1)〜5)以外の場合は，図1の準備期間の実線による。

留意事項

● 計画，設計段階でできるだけ早めに近隣折衝，事前協議，官民境界立会い，諸官庁への各種届出などを行う。届出が受理または許認可されないと工事に着手できない場合もあるので，事前に確認する。
● 鉄骨，山留め，杭などの発注は準備工事期間に行われるので，各工事の必要準備日数を確認する。

工期短縮の手法

● 建設工事計画届，自費工事などの諸官庁への手続き関係や，鉄骨発注がクリティカルパスになる場合が多いので前もって準備する。

● 解体工事は諸官庁の手続きや完了時の届出が新築等と異なるので，別契約の独立した工事として着手することが望ましい。
● 工場・ガソリンスタンドなどの跡地の場合，土壌汚染などの恐れがあるので，事前に確認する。

2 解体工事

建物の解体は,木造住宅のように数日で解体撤去できるものから,鉄筋コンクリート造,鉄骨造,鉄骨鉄筋コンクリート造,地下階のある建物のように時間がかかるもの,杭の引抜きが必要なものまで,さまざまなものがある。また,簡単なものは準備工事の一部に含まれてしまうこともある。

地下の解体には,山留めや構台を必要とする場合が多いが,解体工事の山留めでなく,本工事と兼ねる場合もあり,工事期間算定は複雑である。よって,ここでは鉄筋コンクリート造の一般的な建物と木造建物の解体期間の算定方法を解説する。

フロー

で囲まれた作業の所要期間は本項の算定式に含まない。

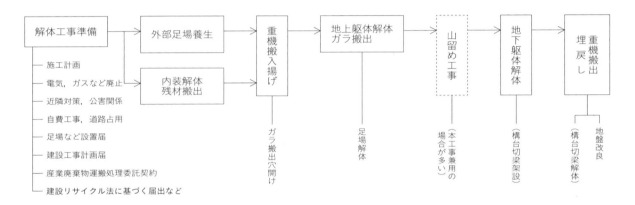

算定式

(1) 鉄筋コンクリート造
1) 鉄筋コンクリート造の解体所要日数(杭抜きなどは含まず)は図1による。
2) 解体面積は下記とする。
   地下無の場合〔基礎面積+地上施工床面積〕
   地下有の場合〔(基礎面積+地下施工床面積)×2+地上施工床面積〕
3) 地下・基礎などの解体に山留め,構台を架設する場合は,必要日数を加算する(34頁「山留め工事」参照)。
4) 解体方法は,地上階は圧砕機のみとし,地下および基礎はジャイアントブレーカーとの併用とする。したがって立地条件,解体方法などにより,施工能率が標準でない場合は,増減する。
5) 鉄骨鉄筋コンクリート造の場合は10~15%程度割増しする。鉄骨造の場合は10~15%程度減らす。

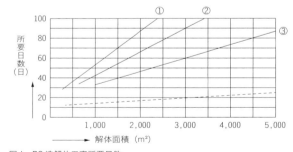

図1 RC造解体工事所要日数

図の破線は,解体工事準備期間を示す。新築工事の準備工事と重複する場合は,これを減じ,建設工事計画届・自費工事などが必要な場合は準備工事による所要日数とする。

各階床面積	所要日数	圧砕機台数の目安
250 m²以下	——線①	1 台
250～500 m²	——線②	2 台
500 m²以上	——線③	3 台

表1 圧砕機台数の目安

(2) 木造

一般的な木造建物の分別解体，再資源化による解体工事期間（建設リサイクル法届出・養生・基礎解体を含む）の参考日数は図2に示す。なお，道路占用などの準備工事が必要な場合は，必要日数を加算する。

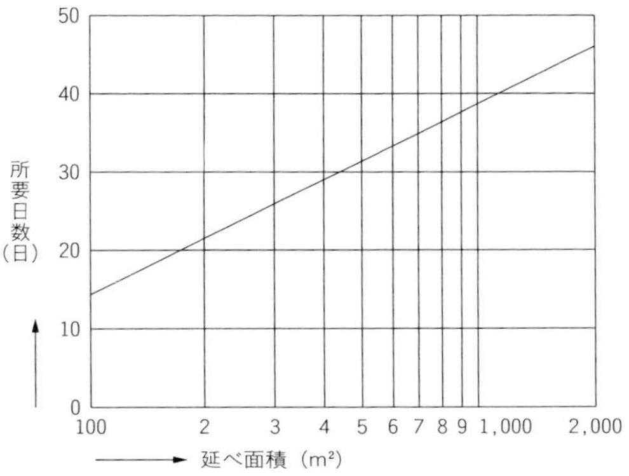

図2 木造建物の解体工事期間

留意事項

「建設工事に係わる資材の再資源化等に関する法律（建設リサイクル法）」（平成14年5月施行）は，コンクリート，アスファルト，木材等（「特定建設資材」）について，その分別解体等および再資源化等を促進するための措置を講ずるとともに，解体工事業者について登録制度を設けることなどにより，再生資源の十分な利用および廃棄物の減量等を通じて，資源の有効利用の確保および廃棄物の適正処理を図り，もって生活環境の保全および国民経済の健全な発展に寄与することを目的として義務付けている。法に基づき，建築物・工作物の解体工事や新築工事等を行う場合には，特定建設資材の廃棄物を分別しつつ施工し，再資源化等を行うとともに，工事着手前に工事の内容の届出を行うことが必要である。

建築物の解体工事	床面積の合計が80 m²以上のもの
建築物の新築・増築工事	床面積の合計が500 m²以上のもの
建築物の修繕・模様替え工事	請負代金の額が1億円以上のもの
建築物以外のものに係る解体工事・新築工事（土木工事）	請負代金の額が500万円以上のもの

表2 一定基準（対象建設工事）

● 特定建設資材（コンクリート，コンクリートおよび鉄からなる建設資材「プレキャスト鉄筋コンクリート版等」，木材，アスファルト，コンクリート）を用いた建築物や工作物の解体工事，特定建設資材を使用する新築工事や土木工事等で一定基準以上の工事（対象建設工事，表2）については，分別解体等の計画書，特定建設資材廃棄物について，解体する建築物等に用いられた建設資材の量の見込み数量等の届出が必要である。

● アスベスト等含有建築物・工作物を解体・改修する場合は，「環境の保全と創造に関する条例」に基づき，「特定工作物解体等工事実施届出」が必要である。特別管理産業廃棄物等の有害物質を使用している建築物・工作物の解体・改修工事を行う場合は，調査・撤去に時間を要するため工程に影響を及ぼすので注意が必要である。

● 解体発生材の分別，保管，収集，運搬，再生資源化，中間処分および最終処分について適正な方法や，業者への委託等が必要である。

● 解体工事に着手するに当たり，周辺環境，埋設物，汚染土壌，文化財の埋設や樹木の根等の地中障害物の調査，適正な方法，手順等を考慮する必要がある。

● 解体工事においても，足場の設置届，建設工事計画届出（労働安全衛生規則第88条関連）等が必要とする場合もある。

● 近隣と初めて接触する工事であり，何らかの建設公害を発生する工事でもあることから，工事をスムーズに進めるため，事前に近隣との良好なコミュニケーションを築くことが必要である。近隣の理解を得るためにも慎重な対応，対策が求められる。

安全のポイント

● 第三者および周辺に対する配慮を行う。とくに，飛散，倒壊などの事故防止を行う。

● 産業廃棄物，特別管理産業廃棄物（アスベスト，PCB，CCA，ダイオキシンなど）は関係法令に従い分別，保管，収集，運搬，再生，処分などを行う。

● 解体後の埋戻しは本工事の重機作業などを考慮し，地盤改良などを検討する。

3 山留め工事

　一般的に山留め工事は，山留め壁，切梁，乗入れ構台を含むが，切梁，構台は土工事と並行して行われるので土工事で解説し，ここでは親杭（構台杭，棚杭），シートパイル，ソイル柱列壁設置の工程算定を解説する。

フロー

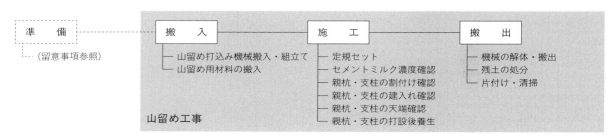

算定式

1) 親杭，構台杭，支持杭などH形鋼の設置工事期間は式1による。

$$D = \frac{\Sigma(L \times N)}{K_1 \times K_2 \times K_3 \times K_4 \times S \times 120} + 2 \quad \cdots\cdots \text{式1}$$

シートパイルの設置工事期間は式2による。

$$D = \frac{\Sigma(L \times N)}{K_1 \times K_2 \times K_3 \times K_4 \times S \times 150} + 2 \quad \cdots\cdots \text{式2}$$

D ：所要日数（日）
L ：親杭，構台杭，支持杭，シートパイルなどの深さ（m）
N ：本数または枚数
K_1 ：運搬車両による作業能率係数
　　大型車両　$K_1 = 1.0$　　中型車両　$K_1 = 0.8$
K_2 ：敷地（作業場）面積による作業能率係数
　　200 m² 以上　$K_2 = 1.0$　　200 m² 未満　$K_2 = 0.5$
K_3 ：土質による作業能率係数（表1）
K_4 ：施工法による作業能率係数（表2）
S ：機械のセット数
　　敷地面積 600～800 m² および $D = 15～25$ 日を目安にセットする
120, 150：作業能率定数（m/日・台）
2 ：機械搬入出・組立て解体日数（日）。油圧杭打機などの場合は 0.5 程度とする。

2) 引抜きは設置期間の 1/2 とする。

3) 柱列壁の設置工事期間は工法により式3，4による。

平均 N 値		K_3
粘性土	砂質土	
0～2	4 以下	1.1
2～4	4～10	1.0
4～10	10～35	0.9
10～20	35～50	0.8
20 以上	50 以上	0.7

表1　土質による作業能率係数 K_3
（複数の土層に対しては平均値とする）

工法	K_4
プレボーリング	1.0
圧入	1.1
バイブロ	1.2

表2　施工法による作業能率係数 K_4

SMW（3軸）

$$D = \frac{A}{K_2 \times K_3 \times S \times 100} + 6 \quad \cdots\cdots \quad 式3$$

簡易型（3軸）

$$D = \frac{A}{K_3 \times 40} + 4 \quad \cdots\cdots \quad 式4$$

D ：所要日数（日）
A ：柱列壁全体の面積（m²）
K_2 ：敷地（作業場）面積による作業能率係数
　　　600 m² 以上 $K_2 = 1.0$　　600 m² 未満 $K_2 = 0.8$
K_3 ：土質による作業能率係数（表1）
S ：機械のセット数
　　　敷地面積 600～800 m² および $D = 20～40$ 日を目安に1セットとする
100，40：作業能率定数（m/日・台）
4，6：機械搬入出・組立て解体日数（日）

留意事項

1）山留め工事着手までに，次のような準備作業がある。

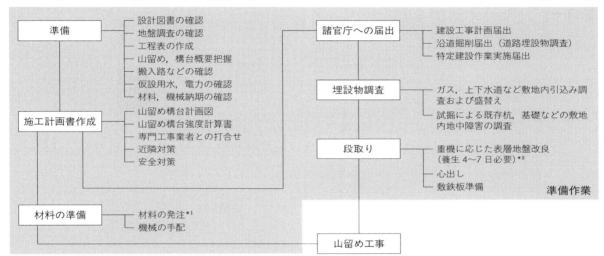

準備作業

2）山留め心材が市場になく，ロールとなる場合はロール期間に1～2か月要する場合があるので，確認のうえ，工程の作成および心材の選定をする必要がある（＊1）。
3）解体後の埋戻し地盤，軟弱地盤など重機作業により転倒の危険が予想される地盤は，地盤改良，置換などによって，安全を確保する必要がある（＊2）。
4）搬入路，敷地状況により心材の長尺材が搬入できないため，高力ボルトや溶接によるジョイントとなる場合がある。また，敷地が狭い場合は打込み心材ごとのジョイントになり1か所30分程度必要となる。

工期短縮の手法

●重機の数を増せば工期短縮は可能である。しかし，重機が交錯して作業能率が落ち危険がともなうばかりでなく，回送，組立て，解体費用もかかる。
●山留め心材のロール待ちの場合，杭工事を先行する。その際，杭穴埋戻し部分の安全対策が必要である。

安全のポイント

●調査不足，経済的な理由などから，本来止水壁（シートパイル，ソイル柱列壁など）を採用すべきところをH形鋼横矢板工法で施工し，異常出水や地盤沈下を引き起こし，施工困難となる場合もあるので，事前に十分な調査と適切な工法選定を行う。
●軟弱地盤，埋立て地などでは重機転倒防止のため地盤改良などを行う。
●作業の指揮は有資格者により行う。

4 杭打ち工事

　杭は建物の荷重を支えるいわば構造体のかなめである。また地中の工事であるため設計上の条件と常に一致しているわけではない。万一支持層の位置のずれや地中障害物などが生じた場合，その対応策を常に考慮しておくことが工程管理上重要となる。ここでは代表的な支持杭について解説する。

場所打ちコンクリート杭

フロー

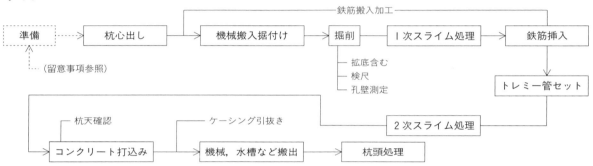

算定式（杭打ち工事）

$$D = \frac{L \times N}{S \times K_1 \times (150/\phi)^2 \times 32 \times K_2} + T \quad \cdots\cdots \text{式1}$$

- D ：所要日数（日）
- L ：杭長（掘削長）（m）
- N ：本数
- S ：機械のセット数 *1
- K_1 ：機械1台当たりの作業能率係数（表1）
- 150：標準杭径（cm）
- ϕ ：杭径（cm）
- 32：作業能率定数（m/日・台）
- K_2 ：土質による作業能率係数（表2）
- T ：機械搬入出，機械の組立て解体日数（日）*2

*1　機械のセット数（S）の目安

敷地面積	杭本数	セット数
600 m² 未満	30 本未満	1 基
600～1,000 m²	60 本以下	2 基
1,000～2,000 m²	90 本以下	3 基

種類	工法	能率係数 K_1
現場造成杭	アースドリル工法	1.0 (0.85)
	リバースサーキュレーション工法	0.85 (0.65)
	ベノト（オールケーシング）工法	0.75
	BH工法	0.5
	深礎（人力）工法	0.05

表1　工法による作業能率係数 K_1　　　（ ）内は拡底杭を示す

*2　機械の搬入出，組立て解体日数（T）はおおむね下記のとおりとする
- アースドリル　　　　　　　　　3～4日
- リバースサーキュレーション　　6～7日
- ベノト　　　　　　　　　　　　3～4日
- BH　　　　　　　　　　　　　　3～4日

算定式（杭頭処理）

$$D = \frac{V}{5 \times S} \quad \cdots\cdots \text{式}2$$

V：処理量（m³）（余盛り高さ 0.8 m）
5：作業能率定数（m³/日・組）
S：投入組数（1組 2〜3人）
＊投入組数のめやす
　　　$V < 25$　　$S = 1$
　　$25 < V < 50$　$S = 2$
　　$50 < V < 75$　$S = 3$
　　$75 < V < 100$　$S = 4$

平均 N 値		能率係数 K_2
粘性土	砂質土	
	4 以下	1.1
0〜4	4〜10	1.0
4〜10	10〜35	0.9
10〜20	35〜50	0.8
20 以上	50 以上	0.7

表2　土の性状による作業能率係数 K_2

既製杭

打撃工法のフロー

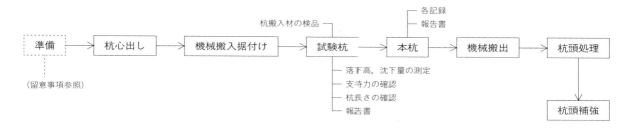

セメントミルク工法のフロー

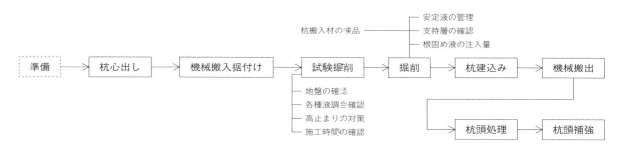

中掘工法のフロー

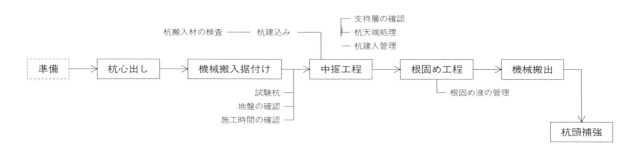

算定式（各工法共通）

$$D = \frac{L \times N}{S \times K_1 \times 80 \times K_2} + T$$

- D ：所要日数（日）
- L ：杭長（m）
- N ：本数
- S ：機械のセット数[*3]
- K_1 ：機械1台当たりの作業能率係数（表3）
- 80 ：作業能率定数（m/日・台）。ただし，杭径は600 mm 以下とする。600 mm を超える場合は定数を 60 とする
- K_2 ：土質による作業能率係数（表2，37頁）
- T ：機械搬入出，組立て解体日数（日）4〜5日

種類	工法	能率係数 K_1
既製杭	打撃工法	1.5
	セメントミルク工法	1.2
	中掘拡大根固め工法	1.0

表3　各工法による作業能率係数 K_1

*3　機械のセット数（S）の目安

打撃工法・セメントミルク工法の場合（三点式機械の場合）

敷地面積	杭本数	セット数
1,000 m² 未満	90 本未満	1
1,000〜2,000 m²	180 本以下	2
3,000 m² 〜以上	180 本以上	3

中掘工法の場合

| 1,000 m² 以下 | 120 本以下 | 1 |
| 3,000 m² 以上 | 120 本以上 | 2 |

留意事項

準備作業

杭打ち工事着手までに杭施工に関する次のような準備作業がある。

杭打ち工事にともなう発生土

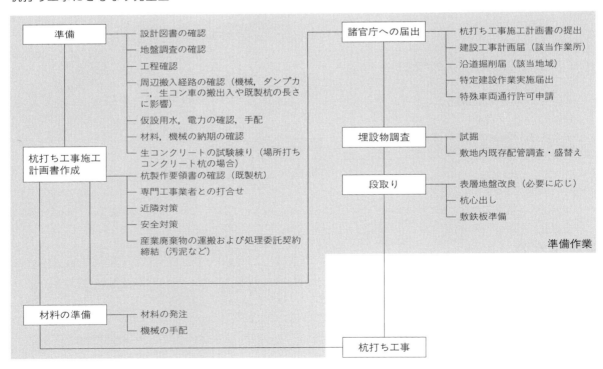

準備作業

含水率の高いものおよびベントナイトを含んだものは汚泥扱い（産業廃棄物）とする。

杭頭処理
- ●場所打ちコンクリート杭の場合，ブレーカーによる処理作業が2日以上の連続作業は特定建設作業実施届が必要。
- ●杭頭処理作業の工程のすべてがクリティカルになるとは限らない（小規模工事は除く）。
- ●場所打ちコンクリート杭の場合，杭打設後の杭頭処理はほとんどの杭に対して行うことなので，どの時点で掘削や地業工事と並行して作業できるのか，計画検討しておく。

深礎杭
- ●手掘り深礎は根切り完了後行うほうが，一般的に工程上もコスト的にも有利である。
- ●機械掘り深礎も杭底の目視確認が原則となる。
- ●深さ10m以上の拡底手掘深礎の場合，建設工事計画届が必要となる。
- ●指定されている場合は別途日数を考慮する。

山留め工事と杭打ち工事どちらが先か？
- ●一般的には大型機械の移動時の安全性なども考慮して山留め工事先行する。
- ●山留め先行で大口径場所打ちコンクリート杭が近接している場合は山留め壁の脱落に注意する。
- ●遮水性が目的の山留め壁（ソイル柱列工法やRC連続壁）を先行し，杭打ち工事中に揚水を計画的に行えば根切り土がドライとなる。
- ●山留め杭のロールに時間がかかる場合は，杭打ち工事を先行することも考慮する。

工期短縮の手法

場所打ちコンクリート杭の場合
- ●掘削機とは別に鉄筋挿入，コンクリート打設用にクレーンを用意する。
- ●掘削機の台数を適宜ふやす（杭本数30本，敷地面積600m^{2}が機械1台の目安）。
- ●掘り置きをする（崩壊しやすい地層，逸水しやすい地層の場合は不可）。

安全のポイント

有資格者による作業
　杭打ち工事に必要な資格（技能講習または特別教育修了）
　　◎基礎工事用機械技能講習
　　◎移動式クレーン免許
　　◎車両系建設機械技能講習
　　◎玉掛け技能講習
　　◎アーク溶接特別教育
　　◎ガス溶接技能講習
　　◎酸欠防止作業主任者および酸欠危険作業にかかわる技能講習（主として深礎杭の場合）

重機災害の防止
- ●機械の転倒防止（地盤の強度確認）
- ●作業半径内の立入り禁止
- ●はさまれ，接触事故防止

施工中のポイント
- ●杭打ち機への昇り降り時，垂直親綱とロリップの使用を義務付ける。
- ●場所打ちコンクリート杭作業にあっては，掘削孔への滑落防止と完了後の埋戻しまたは立入り禁止措置を徹底する。
- ●既成杭作業にあっては建込み中のワイヤのすっぽ抜けに注意する。

その他
- ●直近の高圧線や埋設物（高圧ケーブルやガス管）に注意する。
- ●AM（中波），マイクロウエーブの中継局の付近では杭打ち機に帯電防止対策を講じる。

5　土工事

　山留め杭や杭打ち工事が終わるといよいよ根切りの開始である。開始のタイミングとしては，建物の面積が広い場合など掘削土や生コンの搬出入車両の動線が確保できる場合は，杭打ち工事がまだ完了しないうちから杭の後を追いかけて根切りを開始することもある。

土工事のフロー

で囲まれた作業の所要期間は本項の算定式に含まない。

(1) 法付きオープンカット工法

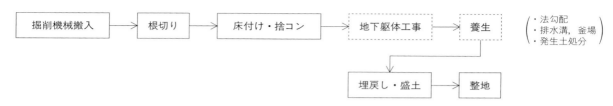

(2) 山留めオープンカット工法

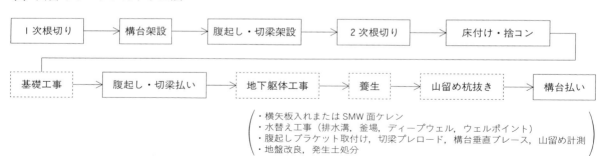

根切り・埋戻しのフロー

根切り

埋戻し

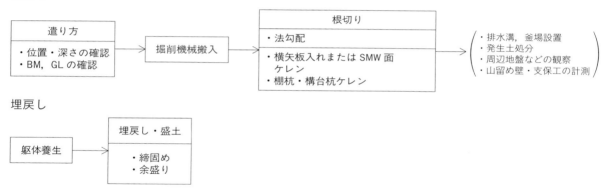

算定式

根切り工事期間

$$D = \frac{V}{S \times K_1 \times K_2 \times 165} \quad \cdots\cdots 式1$$

D：所要日数（日）
V：根切り土量（m³）
S：機械のセット数
　　根切り面積　1,000 m² 未満 → $S=1$
　　　〃　　　　1,000～2,000 m² → $S=1～2$
　　　〃　　　　2,000 m² 以上 → $S \geqq 2$
K_1：機械1台当たりの作業能率係数（表1）
K_2：土質による作業能率係数（表2）
165：作業能率定数（m³/日・台）

表1　機械1台当たりの作業能率係数 K_1

工　　法	作業能率係数 K_1
つぼ掘り・布掘り	1.0
切梁2段以上（3次根切り以上）	1.25
切梁1段（2次根切り）	1.50
法切り・自立山留め（1次根切り）	1.65

埋戻し期間

◎地階のない場合

$$D = 4 + \frac{V}{S \times W} \quad \cdots\cdots 式2$$

D：所要日数（日）
V：埋戻し土量（m³）
S：機械のセット数（実状による）
W：標準埋戻し土量（m³/日・台）（表3）
4：コンクリートの養生期間（日）

◎地階のある場合
　余掘りのない場合は式2により算定する。余掘りがある場合は、式2により求めた日数に、さらに型枠解体・足場の解体・切梁の盛替えなどの日数を加える。

表2　土質による作業能率係数 K_2

条件		作業能率係数 K_2
総体的条件	土　質	
非常に掘りやすい	粘土質土、ローム	1.40
普通の根切り	砂質土（4 < N < 10）	1.0
やや困難な根切り	軟弱なシルト	0.65
非常に困難な根切り	非常に固い粘土（N > 10）	0.50

表3　機械1台の1日当たりの標準埋戻し土量 W (m³)

施工場所	工法	土量	備考
土間、建物外周	はねつけ	50	土工5人グループ
	ポータブルコンベヤ	45	〃
	トラクターシャベル、ブルドーザー	185	0.8 m³型

留意事項

工期に影響を及ぼす要素
- 山留め壁と地下外壁のすき間の有無
- 残土捨て場までの距離
- 周辺の道路・交通状況
- 車両搬出入路の数
- 埋戻し前の設備配管
- 土質（産廃土処理の有無）
- 掘削方式（構台またはスロープ）
- 切梁の有無、配置および段数（または地盤アンカー）
- 掘削機械の搬入台数（クラムシェル、バックホー）
- 地中障害物の有無、程度
- 周辺地盤・構造物の変位、地下水の状態

工期短縮の手法

積込み
　現場の条件にもよるが、掘削機械の遊びを少なくするためダンプを2台付けできるようにする。

スロープ掘削
　地盤アンカーの使用・勾配の確保・土質などを考慮して計画するが、このことにより掘削中の地盤面までダンプが進入でき、バックホーで直接積込みができる。

掘削開口を広く
　クラムシェル掘削の場合、そのバケットを落とし込む開口を極力大きくするように切梁の配置を決定する。

機械掘削のトラフィカビリティー
　先行排水を行うことにより、ドライな地盤状態での作

業を心掛ける。とくに軟弱地盤においては，地盤改良が有効である。

他工事とのラップ作業

　工区分けなどにより，山留め・支保工・横矢板入れ・構台下部工などの他工事とのラップ作業を可能にする。

残土処分の検討

　工区分けをし，根切り土を埋戻しに利用する。

埋戻しの検討

　二重スラブ形式にするなどにより，埋戻しを不要にする。また，重機の乗入れが困難な場所への埋戻し方法として，山砂に発泡材を混入してポンプ圧送する工法もある。

安全のポイント

有資格者による作業の指揮，推進

　根切り，埋戻し作業に必要な資格（技能講習または特別教育修了）は下記のとおり。
- ●地山の掘削作業主任者（掘削面の高さが2m以上の場合）
- ●基礎工事用機械技能講習または特別教育

ダンプカーの運行計画
- ●ダンプカーの車検証チェック（車検および用途外使用のチェック）
- ●運行経路の調査・確認，過積載の防止
- ●場内道路は法肩，山留めラインから離れた位置に計画

重機災害の防止
- ●作業区域内への立入り禁止処置
- ●ダンプカーによる事故防止
- ●はさまれ，接触事故防止

施工中のポイント
- ●地盤に適した法の設定（掘削高さや法の勾配）
- ●掘削土の法肩仮置き禁止
- ●法肩や法面には手摺りや昇降設備を設置
- ●法面および山留め周辺の養生（シートやモルタル吹付けなどで養生したり，法尻や法肩に排水溝を設ける）
- ●深掘りやすかし掘りは厳禁

　　　　で囲まれた作業の所要期間は本項の算定式に含まない。

構台作業のフロー

架設

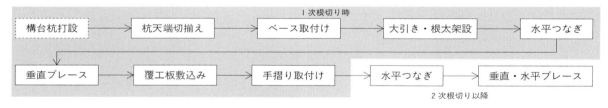

解体

算定式

乗入れ構台架設工事期間

$$D_1 = \frac{A}{70} \quad \cdots\cdots \text{式1}$$

D_1：所要日数（日）
A：乗入れ構台架設面積（m²）
70：作業能率定数（m²/日・組）

乗入れ構台解体工事期間

$$D_2 = D_1 \times 0.5 \quad \cdots\cdots \text{式2}$$

D_2：所要日数（機械搬入日含む）（日）
$D_{min} = 3$ 日
0.5：乗入れ構台架設所要日数に対する定数

　ただし，日数には1次根切り時の上部工のみ考慮し，2次根切り以降の水平つなぎや垂直・水平ブレースの取付け作業は根切り作業と並行して行うため，施工日には算入しない。

留意事項

乗入れ構台の適正配置
掘削機械台数およびその配置・必要ダンプ台数，およびその動線・地下の鉄骨建方などを計画上のポイントとして，各段階での土砂の水平移動も考慮して，大きさや配置を計画する。

構台杭の合理化
本設杭に定着する方法や棚杭と兼用したり，山留め杭上に桁を渡して大引き材として利用したりするなどの方法がある。

切梁との位置関係
切梁によってできる開口部を構台で塞がない。

構台の高さ
1階床スラブのコンクリート均しができるように構台との空き寸法を確保すること。

切梁架設・解体作業のフロー（架設）

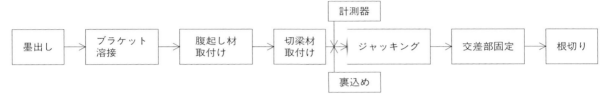

算定式

切梁支保工架設工事期間

$$D_1 = \frac{A}{R} + 1 \quad \cdots\cdots \text{式1}$$

D_1：所要日数（日）
$\quad D_{min} = 3$ 日
A：各段の切梁架設面積（m²）
R：表1の施工歩掛りの数値（m²/日・班）
1：ジャッキング作業としての日数（日）

　ただし，キャンバーは既製品のブロックとする。また，側圧がとくに大きくなることが予想される場合は別途判断する。

切梁支保工解体工事期間

$$D_2 = \frac{A}{R} \quad \cdots\cdots \text{式2}$$

D_2：所要日数（日）
A：各段の切梁解体面積（m²）
R：表1の施工歩掛りの数値（m²/日・班）

　ただし，山留め壁と地下躯体との間に開きがある場合は，コンクリートなどの盛替え切梁の養生日数として，2日は見込むこと。

地盤アンカー架設工事期間

$$D = \frac{L \times N}{60 \times K} + 2 \quad \cdots\cdots \text{式3}$$

D：所要日数（日）
L：アンカーの長さ（m）
N：アンカーの本数（本）
2：注入材強度確保および緊張日数（日）
K：ロータリーパーカッションのとき　$K = 1$
　　ロータリーのとき　　　　　　　　$K = 0.5$
60：アンカーの標準作業歩掛り（m/日・班）

地盤アンカー除去工事期間

　除去作業は埋戻し期間とラップして行うこととし，日数には算入しない。

切梁段数	切梁架設施工歩掛り (m²/日・班)	切梁解体施工歩掛り (m²/日・班)	備考
1段目	160	300	
2段目	160	300	
3段目	140	260	
4段目以上	120	230	

＊表の数値はオープン作業としての施工歩掛りである。

表1　切梁支保工架設・解体標準歩掛り

留意事項

コンクリートパッキンの養生
山留め壁と腹起しの間のパッキンにコンクリートを使用した場合，その養生期間を経てからジャッキングを行う。

地盤アンカーを使用した場合
地盤アンカーの緊張は施工されたアンカーの注入材強

度を確認してから行うこと。またこの場合下向きの力が生じるので，ブラケットの耐力だけでなく山留め杭の支持力の確認もしておくこと。

工期短縮の手法

- 山留め杭の剛性を高めることにより，切梁段数を少なくすることもできる。
- タイロッドや地盤アンカーの適用を検討してみる。
- 逆打ち工法の適否を検討する。
- クラムバケットの扱いやすい切梁の配置とし，掘削能率を上げる。
- 山留め杭と腹起しの間のパッキンに裏込めブロックを使用することにより，コンクリートの養生期間に相当する日数が短縮する。

安全のポイント

一般事項
- 切梁のむくり，垂れ下がりに注意する。
- ジャッキの位置，ジャッキアップの手順に注意する。
- 棚杭と構台杭を兼用する場合は，杭の揺れおよび沈下についての検討と対策が必要である。

計測管理
- 日常点検：点検者を決めて周辺地盤の状況，山留め壁や切梁，腹起しの変位を計測
- 定期点検：定期間（7日以内）ごとに全体をチェック
- 悪天候，地震時点検：予報による事前の点検と事後の点検励行

床付け・砕石・捨コン地業のフロー

▭▭ で囲まれた作業の所要期間は本項の算定式に含まない。

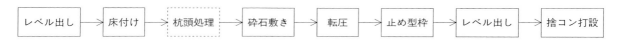

算定式

床付け・砕石・捨コン地業工事期間

$$D = \frac{A}{1500} + 4 \quad \cdots\cdots \text{式1}$$

- D ：所要日数（日）
- A ：床付け面積（m²）
- 1500：床付け・砕石・捨コン地業の作業能率定数（m²/日・組）
- 4 ：ラップ作業後の最終作業日数（日）

ただし，床付け・捨コン地業のみの場合は，上記式の値の1/2の期間とする。また，杭頭処理がある場合は，前項「杭打ち工事」を参照のこと。

留意事項・工期短縮手法

ドライワーク
- 水替えにより床付け面は常にドライな状態に保つ。

直接基礎
- 床付け作業に先行して，水位を下げておかないと地耐力が確保できない。
- 床付け面を乱さないようにする。
- 地耐力試験の実施の有無の確認が必要である。
- 地層の傾きにより，根切り深さが変わる可能性もあることに留意する。

床付け面の補強
- 軟弱地盤においては捨コンを厚くし（最低10 cm），さらにはワイヤメッシュを入れる場合もある。

ラップ作業
- 根切り工事，杭頭処理作業とのラップを考慮する。

砂利地業の見直し
- 床付け地盤の内容により考慮（床付けがれき層，砂層の場合）する。

6 基礎躯体工事

　基礎躯体の所要工期は，二重ピットの有無，基礎の形状，足場計画，揚重計画などに影響を受けるが，なかでも二重ピットの有無は施工手順そのものにも影響するため，算定式もこの二つのケースに分けて解説する。基礎躯体工事の場合，地上躯体と異なり鉄骨工事もクリティカルパスとなるので注意が必要である。型枠工事に関しては，二重スラブ型枠材の解体・搬出作業効率か悪いので，全体工程上のクリティカルパスではないが，各種省力化工法の検討の余地がある。

フロー

　　　　　　　　　　　　　　　　　　　　　　　で囲まれた作業の所要期間は本項の算定式に含まない。

(1) 二重ピットなし（在来工法「地下階なし」）

(2) 二重ピットあり（在来工法）

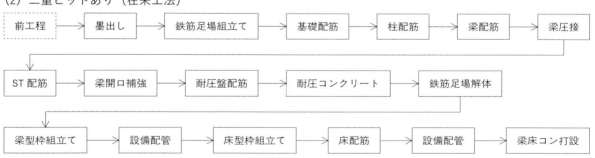

躯体工事における工区分割

　建物の規模が大きくなると，労務や資機材の投入量を平準化するために，適切な大きさに工区を分割するのが一般的である。ここでは，躯体工事の工期算定のための工区分割の方法を以下に示す。後述の算定式から求められる工期は，分割された1工区の所要日数であり，全体工期は工区数のタイムラグを加算して求めなければならない。この方法は，基礎，地下躯体，地上躯体に共通である。

工区分割

　躯体工事において，次のような場合，工程計画に工区分割を盛り込むことを検討する。

　①生コンクリートプラントの供給能力による場合，②1日に連続して打設するコンクリートの量に対して，労務が限界に達し，対応できない場合，③型枠，鉄筋コン

クリートの打継ぎ箇所や位置に制約を受ける場合である。一般的に①②の場合が多く，1回に打設できるコンクリート数量が 600 m³ 以上を1工区として，工区分割を行う。また，労務の施工限界や，コンクリートポンプ車による打設量から 800 m³±100 m³ を1回の打設数量を限界として，工区分割を行う。ただし，PCa 化などの特殊工法を採用する場合や，現場施工条件により，1回に打設できるコンクリート数量をさらに多く計画できる場合は，この限りではない。

並行作業

上記により工区分割を行った場合，ラップ工程を標準として算定することとし，各工区の連結は前工区の着手4日後に次工区を着手するものとして工程を組み立てる（下図参照）。

A作業とB作業は並行作業

算定式

二重ピットなし

捨コン打設終了後，基礎コン打設までの実働所要工期算定式を以下に示す。鉄筋工事と型枠工事はある程度のラップ作業を考慮している。

$$D = D_1 \times \frac{3}{4} + D_2 + L \quad \cdots\cdots \quad 式1$$

D ：基礎躯体工事所要日数（日）
D_1：鉄筋工事所要日数（日）
D_2：型枠工事所要日数（日）
$\frac{3}{4}$：鉄筋工事所要日数に対する定数
L ：墨出しや鉄筋足場組立てなど，基礎配筋開始
　　までのリードタイム（日）
　　500 m² 以下は $L = 1$ 日，500 m² 超は $L = 2$ 日

$$D_1 = \frac{S}{0.65 \times W_s \times K_1}$$

S ：基礎，地中梁鉄筋重量（t）
0.65：鉄筋工の作業能率定数
W_s：鉄筋工投入人員（人）
　　鉄筋工投入人員の目安は，施工面積 60〜80 m²
　　当たり1人
K_1：形状係数
　　独立基礎は $K_1 = 1$，布基礎は $K_1 = 1.1$

$$D_2 = \frac{F}{10 \times W_f \times K_2}$$

F ：基礎，地中梁型枠数量（m²）
10 ：型枠工の作業能率定数
W_f：型枠工投入人員（人）
　　型枠工投入人員の目安は，施工面積 40〜60 m²
　　当たり1人
K_2：形状係数
　　独立基礎は $K_2 = 1$，布基礎は $K_2 = 1.1$

二重ピットあり

二重ピットがある場合の工程は，耐圧コンを境に鉄筋工事がクリティカルパスとなる工程と，型枠工事がクリティカルパスになる工程が明確に分かれ，二重ピットなしの場合のようにラップ作業とはならない。

$$D = D_1 + D_2 + L + C \quad \cdots\cdots \quad 式2$$

D ：基礎躯体工事所要日数（日）
D_1：鉄筋工事所要日数（日）
D_2：型枠工事所要日数（日）
L ：墨出しや鉄筋足場組立てなど，基礎配筋開始
　　までのリードタイム（日）
　　500 m² 以下は $L = 1$ 日，500 m² 超は $L = 2$ 日
C ：耐圧コンおよび梁スラブコン打設所要日数（日）
　　2日

$$D_1 = \frac{S}{1.5 \times W_s}$$

S ：基礎，地中梁，耐圧盤鉄筋重量（t）
1.5 ：鉄筋工の作業能率定数
W_s：鉄筋工投入人員（人）

$$D_2 = \frac{F}{12 \times W_f} + D_s$$

F ：基礎，地中梁，スラブ型枠数量（m²）
12 ：型枠工の作業能率定数
W_f：型枠工投入人員（人）
D_s：スラブ配筋，設備配管，検査所要日数（日）
　　500 m² 以下は $D_s = 2$ 日，500 m² 超は $D_s = 3$ 日

留意事項

　算定式により求められる所要工期は標準的な日数であり，現場条件によってかなりの増減が予想される。以下に記した項目は，とくに基礎躯体工事の所要工期に与える影響が大きいと思われるものを列挙してあるので，実際の工程表作成に関しては，これらの要素を加味して計画すること。
- 二重ピットありの場合，コンクリートの打設方法がVH分離（梁とスラブの分割施工）か同時かによって，工程が大きく異なる。算定式はVH同時の解説と同じであるが，重機の利用が可能な場合VH分離で計画することにより，投入労務量を減ずることができる。ただし，工程的にはコンクリートを2回打設するので不利である。
- 型枠解体のための養生期間は気温により異なるので，埋戻し着手時期決定時に注意すること。
- 設備配管の量とその施工法は，埋戻しから土間コン打設までの所要日数に影響を与えるので，事前に確認する必要がある。
- 解体材搬出とだめ穴計画は，全体工程上のクリティカルパスとはならないが，所要労務量への影響が大きいので原価管理上の留意点であると同時に，地下階の仕上げ着手時期にも影響を受ける。
- 山留め，構台計画と揚重機の利用可能性は，躯体工事の作業性に大きく影響を与える。資機材の水平小運搬をすべて人力で行う計画や，山留め・構台が資機材搬入の障害物となる計画では，作業能率を低減して工程を計画しなければならない。

工期短縮の手法

　基礎工事に関する合理化工法の開発は他の部位に比較して遅れているのが現状である。投入労務量をふやすことなく工期短縮するためには，重機の利用を可能にする施工環境を整えることと，重機作業に適した部材を利用する工法を選択することが必要である。以下に主な工法を紹介する。

型枠工事
- 地中梁：PCf，CB型枠，ALC型枠，スレート型枠，メッシュ型枠，波形鋼板
- 床型枠：PCf，デッキ，合成床板

鉄筋工事
- 地中梁：二線メッシュ

全体
- 地中梁PCa化
- 逆打ち

安全のポイント

- 地下最深部で施工される基礎工事は，墜落・飛来落下災害にとくに注意が必要である。
- スラブができていない状態での施工となるため，つまずき転倒などのけがが多い。
- 材料荷揚げなどのだめ穴開口は安全上極力少なくする。また，設置しただめ穴には必ず開口養生を行う。
- 基礎コンクリート打設した後切梁を解体すると，それまで切梁が負担していた土圧を基礎躯体が負担する。スラブがない場合はとくに危険なので，事前に基礎躯体の所要強度を計算により求め，その強度発現を待って解体する計画とする。

地下躯体工事 7

　基礎躯体が終了すると，切梁解体ののち地下躯体工事が開始される。現場によっては，外周の躯体と山留め壁の間に埋戻し工事が行われることもある地下躯体工事は地上躯体工事に比べて山留めや構台などによる制約が多いうえ，工法の合理化が最も遅れている部位でもある。作業能率が悪く労務投入量も多いので，工法計画とともに工程計画を十分検討しなければならない。

地下躯体工事のフロー

で囲まれた作業の所要期間は本項の算定式に含まない。

(1) 鉄筋コンクリート造

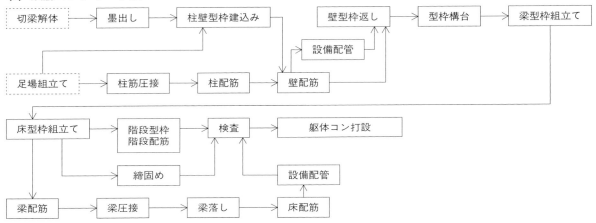

(2) 鉄骨鉄筋コンクリート造

　鉄骨鉄筋コンクリート造の作業フローについては，地上躯体のフローと同様となる。

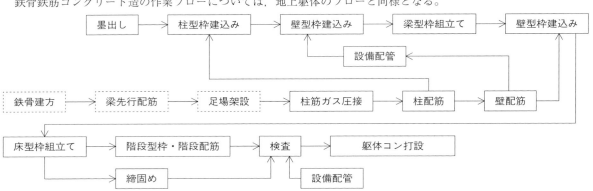

算定式

　地下躯体の1工区実働所要日数は，以下の算定式により求める。工区分割およびラップ作業の考え方は基礎工事に準ずる。地下躯体の所要日数は型枠工により決まるので，鉄筋工の解説は省略する。

また，地下躯体における鉄筋コンクリート造と鉄骨鉄筋コンクリート造の工期的な差異は小さいので，下式を共用する。

$$D = \frac{F}{12 \times K \times W}$$

D：実働所要期間（日）
F：型枠数量（m^2）
12：型枠工の作業能率定数
K：階高による作業能率低減係数
　　階高 3.5 m 未満は $K = 1.0$，3.5～5.5 m は $K = 0.8～0.9$，5.5 m 以上は $K = 0.6～0.7$
W：型枠工投入人員（人）
　　型枠工投入人員数の目安は，施工面積 40～60 m^2 当たり 1 人

留意事項

算定式より求められる所要工期は標準的な日数であり，現場条件によってかなりの増減がある。以下に示す項目は，とくに地下躯体工事の所要工期に与える影響が大きいと思われるものを列挙してある。実際の工程表作成に関しては，これらの要素を加味して計画すること。

- 土圧を受ける地下外壁の配筋は，往々にして太径鉄筋が大量に入る。この施工計画いかんによっては工程上のクリティカルパスとなるので注意が必要である。
- 切梁の垂直方向の配置によっては，盛替え梁が必要となることがある。盛替え梁によって地下躯体作業の能率がかなり低下するので注意しなければならない。
- まれに外防水の設計仕様があるが，このような場合は山留めと地下外壁の間の狭い空間での作業となるため作業能率が低下する。
- 地下躯体工事に限らず，一般的に床段差は作業能率を損なう。
- ボイドスラブやフラットスラブなどの特殊工法は，工程上有利な工法であるが，事前にその作業能率や施工事例を検討しておく必要がある。

特殊工法・工期短縮の手法

計画工期が要求工期より長くなった場合，何らかの方法で短縮することを考えなければならない。標準工期算定の段階では，あまり大幅な構法の変更は困難なケースが多く，工法の変更や労務投入量の割増しにより対応するのが一般的である。以下に主な特殊工法や工期短縮手法を列記したので，工程計画上の参考にして欲しい。

型枠工事
- PCa，PCf，打込み型枠などはコスト的には不利となるケースが多いが，工期短縮には有効な方法である。ただし，揚重機が利用できることが前提条件となる。
- システム型枠，大型型枠は PCa 化ほどのコストアップ要因とはならないが，現場労務の削減率も少ない。
- デッキ，合成床板，各種支保ビーム工法は作業能率向上に寄与するところが大であるが，工期短縮よりコストメリットが大きい。

鉄筋工事
- メッシュ筋を地下外壁に利用する工程上のメリットは大きいが，かなりのコスト負担となる。
- 鉄筋先組み工法は敷地に余裕があれば有効な方法であるが，太径鉄筋の重量は非常に大きいので安全に留意しなければならない。

コンクリート工事
- システム型枠を使った場合，その転用を考えると結果的に VH 分離打設となる。注意が必要なのは，VH 分離そのものが目的ではないということである。

その他
- 逆打ち工法は，地下工事だけを考えた場合は工程的に不利であるが，地下が深い場合は地上躯体を地下工事と並行作業で進めることによる全体工程上のメリットが大きい。

安全のポイント

- 基礎工事同様，墜落・飛来落下災害に注意が必要である。
- 地下躯体は階高が 3.5 m 以上の場合が多く，型枠支保工設置届が必要となる。

鉄骨工事 8

　鉄骨工事では，アンカーボルトが設置され，かつ養生期間が確保され，明日から鉄骨建方が開始という段階から算定式が作られている。鉄骨鉄筋コンクリート造の場合は，鉄筋，および設備配管を貫通させる穴は，工作図の段階でミリ単位で位置決めをし，構造上の補強などを検討し，工場での加工，製作が条件である。また，建方は重機の能力に左右され効率を上げるために地組みなども考慮しなければならない。ここでは，一般的な鉄骨工事を例にして算定式を提示する。

フロー

　　　　　　　　　　　　　　　　　　　　　　　　で囲まれた作業の所要期間は本項の算定式に含まない。

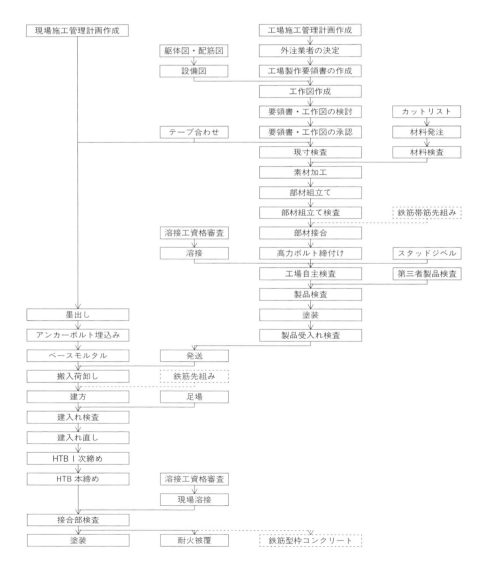

算定式（超高層は除く）

鉄骨工事期間

$D = D_1 + D_2 - D_3$ …… 式1

D：鉄骨工事実働日（日）
D_1：建方工事実働日（日）
D_2：本締め工事実働日（日）
D_3：建方，本締めラップ日数（日）

1) 建方工事

$D_1 = \dfrac{W}{30 \times S \times K_1 \times K_2} + 2$ …… 式2

D_1：建方工事実働日（日）
W：鉄骨重量（t）
30：揚重機の作業能率定数
S：建方揚重機セット可能台数による係数
K_1：ピース重量による係数
K_2：敷地条件による係数
2：最小限必要日数

2) 本締め工事

$D_2 = D_1 \times 1.5$ …… 式3

D_2：本締め工事実働日（日）
D_1：建方工事実働日（日）（式2より）
1.5：最小限必要日数

3) 建方工事と本締め工事のラップ

$D_3 = \dfrac{D_1}{K_3}$ …… 式4

D_3：建方，本締めラップ日数（日）
D_1：建方工事実働日（日）（式2より）
K_3：建築面積による係数

* 500 m² 未満はラップなし。$D_3 = 0$
* 地下・基礎部分と地上部分など鉄骨工事が分離する場合は，それぞれ上記式により算定する
* 地下鉄骨建方は諸条件により歩掛りを考慮する

建築面積	係数 S
2,000～4,000 m²	2
4,000～6,000 m²	3
6,000 m² 以上	4

表1　建方揚重機セット可能台数 S（上記未満の場合1とする）

ピース重量	係数 K_1
大規模・大スパン・高層建物	1.2
一般SRC造	1.0
1～2FS造・小屋物S造	0.8

表2　ピース重量による係数表 K_1

建物回りの有効幅	係数 K_2
10 m 以上	1.4
5 m 以上～10 m 未満	1.0
5 m 未満	0.8

表3　敷地条件による係数表 K_2

建築面積	係数 K_3
500 以上～2,000 m² 未満	1.8
2,000 以上～5,000 m² 未満	1.5
5,000 m² 以上	1.2

表4　建築面積による係数表 K_3

留意事項

近年新しい構造用鋼材が製造され，使用されるようになってきた。それぞれは特注生産であり，在庫の確認やメーカーへの予約も必要である。以下に新しい鋼材の概要を紹介する。

● TMCP鋼とは，熱加工制御（Thermo Mechanical Control Process）の略で，鋼材の圧延過程において，所要材質性能を確保するために，加熱→圧延→冷却の各工程の温度あるいは圧下率を厳密に管理する製造方法である。この鋼材は，低い炭素当量で高い強度が得られ，従来の鋼材と比較して同じ強度で高い溶接性が確保できる。

● SM57Q材とは，高層建築物に要求される骨組みの塑性変形能力に富んだ引張り強さを持つ鋼材である。

● FR鋼とは，耐火鋼のことで，鋼材にクロム，モリブデンなどを添加して高温強度を高めたもの。降伏点が常温時の2/3に低下する温度を，600℃まで保証した鋼材である。一般鋼材では，350℃で降伏点が常温時の2/3に低下する。

鉄骨工程のポイント

● 工場製作期間は，製作施設の規模と，適切な製造要員

によって決まるので，数社の能力と生産品質を調査しておく。また，ボックス柱など特殊なエレクトロスラグ溶接がある場合は施設の確認が必要である。曲面加工が多い，複雑な形状，特殊鋼材仕様などの場合は綿密な打合せと十分な製作日数を確保する。
- 運搬と荷捌きスペースは建方から工期にまで影響する。荷捌きスペースがない場合はトラックから直接荷取りしなければならないので，工場でのトラック荷積みは建方順にする。
- 建方機械と建方方法については，建物の形状，敷地の余裕，搬入路スペースなどにより決定する。また，機械は経済性，安全性で選定される。とくに建方機械は，鉄骨以外のPCカーテンウォールやその他の荷揚げでも使用するので作業手順を決めて，重量と，作業半径を確認し重機を選定する。建方機械などの能率例は，第4章「工事別歩掛り標準データ」に記載した。

安全のポイント

- 車両から直の荷取りは，荷崩れのないように安全を確認する。
- 移動式クレーン車の使用は，アウトリガーを支える地盤の耐力を確認するとともに，吊り荷作業の前に，アウトリガーを張り出して完全に固定すること。
- 鉄骨の建方手順を作業前に確認する。
- 玉掛け作業は，クレーンオペレーターと玉掛け者が相互に確認し合い，合図確認を徹底する。
- 目視により玉掛けの合図確認が不可能な場合は，無線などを使用して安全を徹底する。
- 建方重機の旋回範囲は危険区域なので，立入り禁止措置をとる。
- 親綱，水平養生ネットなどは可能な限り地上で取り付け，高所作業を減らすこと。
- 建方中は，強風による倒壊がないように，仮ボルトの数，補強ワイヤなどで対策を確実に行う。
- 建方中，高層階に工具，資材ステージなどを設ける場合は，強風による飛来落下を完全に防護する。

工期短縮のポイント

- スペースがあれば，建方用と，荷捌き用のクレーンを分けて使用すると効率がアップする。
- 可能な限り地上で地組みし，ユニット化して，荷吊りの回数を減らす。
- 小さい部材，細い部材は数本まとめ吊りをするか，地上で組み立てて取り付ける。
- 本締め用の仮設足場などは，地組みしてできるだけ吊り荷回数を減らす。
- 鉄骨鉄筋コンクリート造の鉄筋工事も可能な限り，先組みを行う。できれば，仮設足場と同様に取り付ける箇所にまとめて鉄骨に縛り付けて荷揚げする。
- 設備配管，階段，エレベーターシャフトの壁なども，先組み，先付けを計画しユニット化を検討実施する。

地上躯体工事 9

　基礎や地下工事が完了して，1階の床コンクリートが打設されると，いよいよ地上の躯体工事が開始される。地上躯体工事は，地下工事と比較すれば予想のしやすい事柄が多い。しかし，それだからこそ，1階当たりの立上り工程（コンクリート打設工程）をいかに予定どおり消化していくかが，全体工程に大きな影響を及ぼす。基礎や地下工事の期間は作業工程が多く，工期に狂いが生じやすく，安全面でも多くの点に配慮が必要であった。こうした苦労の多い地下工事が終了し1階の床が完了することは，現場を運営する技術者にとってひとつの大きな節目となる。

(1) 鉄筋コンクリート造の躯体工事

　1階の床コンクリートが打設されると，翌日には墨出し作業が行われるのが通常である。さらに，外部の足場組立て作業や，内部の足場組立て作業が続いて行われる。その後，鉄筋材や型枠材が搬入され，並行して柱筋の圧接作業が始められる。外周では型枠大工による外壁型枠の建込み作業も行われている。この後，柱型枠の建込み，梁型枠の取付け，床型枠の組立てと続き，梁筋や床鉄筋の配筋作業が行われ，コンクリート打設を迎える。下記のフローに示すように，型枠鉄筋工事の作業の途中に，電気や設備系の配管工事が行われることも忘れてはならない点である。

(2) 鉄骨鉄筋コンクリート造の躯体工事

　鉄骨鉄筋コンクリート造の場合は鉄筋コンクリート造と異なり，鉄骨建方工事が完了すると（一般的には安全管理の点から，鉄骨が最終節まで建方が完了し，ボルトの本締め作業や，溶接作業も完了した時点），鉄筋工が乗り込み，大梁の配筋工事が開始される。さらには，柱筋の圧接作業が始まり，フープ配筋工事，そして，型枠大工の乗込みへと続いていく。梁筋の先行配筋以外は鉄筋コンクリート造の作業工程と同じである。ただし，梁配筋が先行している場合は1フロア当たりの立上り工期を若干短く算定する場合が多い。

フロー

　　　　　　　　　　　　　　　　　　　　　　　　　　　　で囲まれた作業の所要期間は本項の算定式に含まない。

(1) 鉄筋コンクリート造

(2) 鉄骨鉄筋コンクリート造

鉄骨鉄筋コンクリート造の作業フローについては，地上躯体のフロー参照のこと。

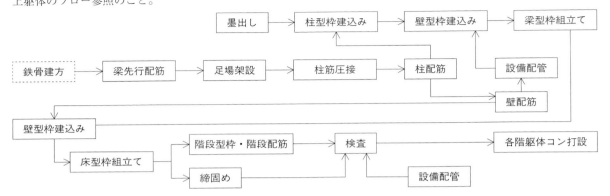

算定図表

図1，2のグラフは1工区1フロアの躯体を構築するための平均的な実働所要日数である。工区分割およびラップ作業の考え方は，45頁「基礎躯体工事」に準ずる。また，型枠加工場等で型枠を加工製作して，現場に搬入し，現場での作業を組立てのみとする場合は，躯体工事所要期間は20〜30％程度短くなる。鉄骨鉄筋コンクリート造においても，上階の鉄筋の先巻き等や型枠の先行加工製作により，躯体所要期間は15〜20％程度短くなる。階高が5.5m以上の場合はグラフから求めた数値を1.1倍する。

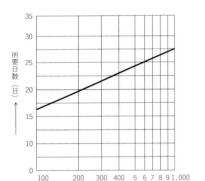

図1 鉄筋コンクリート造の躯体工事所要期間

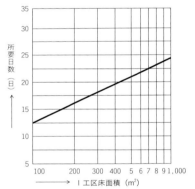

図2 鉄骨鉄筋コンクリート造の躯体工事所要期間

留意事項

型枠存置期間
- 型枠解体養生期間により型枠支保工の転用回数と1フロア当たりの工程が変化する。
- 型枠存置期間の算定については，JASS 5または公共建築工事標準仕様書による。

型枠転用回数
- 型枠材の効果的な転用計画や作業員の習熟効果によって工期短縮が図れる場合もある。
- 反対に，躯体足場架設工程が躯体工程を大きく左右する場合がある。

省力化工法と関連作業
- 躯体工事に関しては省力化・工業化工法が盛んに取り入れられている。とくに床型枠に関してはかなりの種類の工法があり，多用されている。
  こうした工法を採用した場合は上記の算定図表よりも短工期となる場合もある。
- スラブ型枠・配筋終了後設備配管工事の工程を必ず算定する。

特殊工法・工期短縮の手法

最近の躯体工事では，何らかの形で工業化工法や省力化工法が採用されることが非常に多くなっている。

型枠工事

型枠工事についての特殊工法は 138 頁を参照のこと。

外壁型枠に使用される特殊型枠

● 薄肉壁 PCa 板（PCf）

建物壁にトラス入り薄肉壁 PC 板を用い，それを型枠代わりにしてコンクリートを打設し，外壁を一体化する工法である。タイルや石を打ち込んだ PCf も製作できるので，外壁の仕上げ工事も同時に施工できる。

● ユニット型枠（大型型枠）

アルミ桟枠に塗装合板を組み合わせ，規格化されたパネルを組み合わせて大型型枠にしたもの。ユニットで組立て解体をするので省力化に役立つ。

床型枠に使用される特殊型枠

● PCf（薄肉 PCa 板）

薄肉鉄筋コンクリート板を床型枠として敷き込み，その後スラブ上端筋の配筋を行い，上部にコンクリートを打設して合成床を構築する工法。

● デッキプレートまたはフラットデッキ

床型枠をデッキプレートまたはフラットデッキなどの鋼製型枠合成スラブとする。型枠の解体も必要なく，また型枠支保工も省力できる。

● 仮設梁型枠工法

仮設のトラス梁を梁型枠に載せ，その上にベニヤ合板を張る工法。スラブに対する支保工が不要となる。

柱，梁型枠に使用される特殊型枠

● システム型枠，ユニット型枠

金属製，木製のせき板を端太材と一体にしてユニット化したもの。組立て解体時間が短縮され，ユニットのままで移動揚重ができるので省力化に役立つ。

● 薄肉 PCa 板（PCf）

柱，梁型枠に薄肉 PCa 板を用い，それを型枠代わりにしてコンクリートを打設する工法である。柱の場合は支保工なしでコンクリートを打設できる。梁の場合は型枠の解体の手間が省ける。

鉄筋工事

柱，梁，外壁には次のような特殊工法が使用される。

● 鉄筋先組み

柱や外壁の鉄筋をあらかじめ「地組場」で組み立てておき，揚重機にて吊り上げ，所定の場所に取り付ける工法。鉄骨鉄筋コンクリートの場合は鉄骨に柱筋や梁筋を先組みしておいてから建方を行う工法もある。いずれも，足場を省略でき，組立ての能率も向上する。

● 溶接鉄筋

外壁に溶接鉄筋を使用することにより，鉄筋の組立て手間の省力化を図る。

● 床鉄筋組込み型枠

フラットデッキの上にあらかじめスラブ筋が配筋固定された鋼製型枠で，継手鉄筋を現場にて施工する。

コンクリート工事

● 工区分割

45 頁に述べたように，労務や資機材の投入量を平準化するために，工区分割を行う。

全体

● ラップ作業

工区ごとの作業のラップを考慮して労務に遊びがなく，効率的に回転するように全体工区の組立てを考慮して，最適な工区を選択する。

安全のポイント

● 労働安全衛生規則第 86 条および第 88 条において，型枠支保工のうち支柱高さが 3.5 m 以上のものについては，型枠の構造計算と届出が義務付けられている。
● 鉄筋材を構台，型枠スラブに仮置きする際は，最大積載荷重の制限を超えて集中的な置き方をしない。
● ガス圧接時には，作業主任者（溶断）を選任し，有資格者（ガス圧接技量資格・ガス圧接技能講習・自動ガス圧接技術資格）の適正配置を行う。また，施工時の落下火花は，鉄板などで養生し，消火器・消火バケツなどの消火設備を用意する。
● 型枠工事ではコンクリート荷重や型枠材料，鉄筋材料などの過積載による崩壊災害や，組立て解体時の墜落・落下災害の恐れがある。これらの事故防止のために，想定される荷重に耐えられる構造にする。そのためには，計画に基づいた組立て図の作成や，構造計算を行う必要がある。型枠材集積場所は，常に整理整頓を行い，飛来落下防止対策を講じる。
● コンクリート打設計画は，現場条件・コンクリートポンプ車の能力などによる違いがある。とくに現場外で配置されるコンクリートポンプ車は，第三者へ十分配慮し，事故防止に努める。

内部仕上げ工事 10

　仕上げ工事は，多種多様の作業が同時に並行して行われる場合もあり，どのような作業手順で行われるのが効率がよいかケースバイケースである。工程計画を立てるには，図面から仕上げを読み取り，作業手順を想定して作業量を把握し，投入工数と歩掛りを用いて所要日数を算出する。この作業はかなりの熟練者でないと無理である。次にネックとなる最上階，または，大面積のフロアを例にして，コンクリート養生期間が終了した時点から社内検査前までの，一般的な施工手順の場合における工程を算出してみる。

##

で囲まれた作業の所要期間は本項の算定式に含まない。

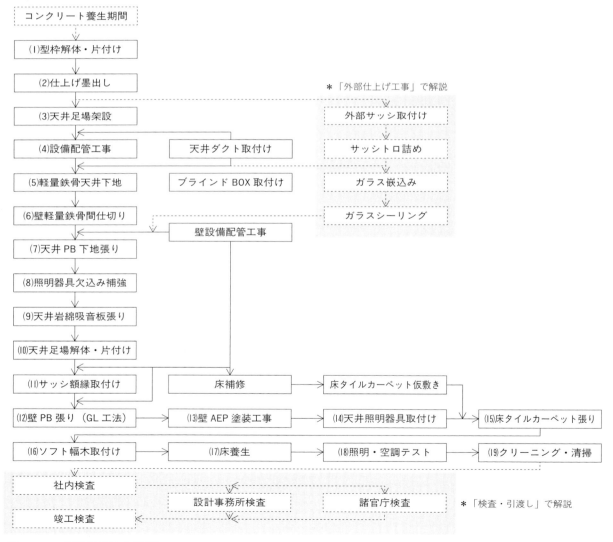

56　建築工程表の作成実務

算定式

基準階立上りコンクリートの養生期間

この場合の養生期間とは、型枠の存置期間のことで、JASS 5において、原則として、スラブ下、梁下とも設計基準強度の100％以上のコンクリートの圧縮強度が得られたことが確認されるまでとする期間であって、コンクリート打設から28日後に圧縮強度試験を行い、設計基準強度に達していることを確認すればよい。設計基準強度に達しない、および上階の荷重に対して安全が確認されていない場合は、支保工の解体ができないので、型枠も解体ができない。構造体コンクリートの圧縮検査の方法、せき板の存置期間を定めるためのコンクリートの材齢については、JASS 5を参照のこと。また、寒冷地や、寒中コンクリートの積算温度管理での強度管理は日本建築学会基準を参考のこと。

通常、コンクリート養生期間は、28日間をめどとする。

(1) 型枠解体・片付け

型枠解体（片付けとも）の投入人員決定について、梁下、スラブ型枠の場合50 m²/人程度とし、梁側・柱・壁型枠の場合は、60 m²/人程度、基礎型枠の場合は70 m²/人程度を目安とする（125頁型枠工事参照）。

$$D = \frac{A}{30 \times S \times K} \quad \cdots\cdots \text{式1}$$

D：型枠解体（片付けとも）実働日（日）
A：解体型枠面積（m²）
30：作業能率定数（m²/日・人）
S：投入人員（人）

解体型枠部位	係数
梁下・スラブ型枠部分	1.5
基礎・梁側・柱壁型枠部分	1.0

表1　解体型枠部位別係数 K

K：部位別係数

＊Sの投入人員の目安として、施工面積50〜70 m²に1人ぐらいが望ましい
＊作業歩掛りは平均解体型枠面積25〜35 m²/日・人

(2) 仕上げ墨出し

$$D = \frac{A}{200 \times S \times K} \quad \cdots\cdots \text{式2}$$

D：仕上げ墨出し面積の実働日（日）
A：墨出し面積（m²）
200：作業能率定数（m²/日・人）
S：投入人員（人）
K：部位別係数

墨出し程度	係数
親墨、通り芯、陸墨程度	1.0
タイル、石割り、建具詳細	0.6

表2　墨出し部位別係数 K

＊Sの投入人員の目安として、施工面積250〜400 m²に1人ぐらい。通常は2人の作業となるので、500〜800 m²/組とする
＊作業歩掛りは平均仕上げ墨出し面積150〜300 m²/日・人

(3) 天井足場架設

$$D = \frac{A}{150 \times S \times K \times Z} \quad \cdots\cdots \text{式3}$$

D：内部足場架設面積の実働日（日）
A：内部足場架設面積（解体別）（m²）
150：作業能率定数（m²/日・組）
S：投入組数（組、1組2〜3人程度）
K：足場の天端高さ別係数
Z：足場の種類別係数（2 m以上は作業床べた張り）

足場の天端高さ	係数
500 mm ≦ H < 2,000 mm	1.5
2,000 mm ≦ H < 3,700 mm	1.0

表3　足場の天端高さ別係数 K

足場の種類	係数
脚立足場 900 mm 程度	1.5
脚立足場 1,900 mm 程度	1.2
枠組足場 1 段程度	1.1
枠組＋単管足場 ≧ 2,000 mm	1.0

表4　足場の種類別係数 Z

* S の投入組数の目安として，施工面積 250〜400 m² に 1 組ぐらい。1 組の構成として鳶職 2 人，手元 1 人程度, 2,000 mm 以下の足場なら専門工事業者（仕上げ職人）の自主架設で十分である
* 作業歩掛りは，平均内部足場架設面積 130〜180 m²/日・組，平均内部足場解体面積 280〜380 m²/日・組

(4) 設備配管工事

$$D = \frac{1}{40 \times S} \times A \times K \times Z \cdots\cdots \text{式 4}$$

D：設備配管工事実働日（日）
A：室内面積（m²）
K：室用途別係数
Z：設備配管径による係数（平均的な仕様径）
40：作業能率定数（m²/日・組）
S：投入組数（組）

室用途	係数
便所・厨房・PS・機械室	1.2
病室・寮・住宅食堂程度	0.8
一般事務室・会議室程度	0.6
倉庫・体育館・ホール程度	0.4

表 5　室用途別係数 K

設備配管径	係数
$20 \leq \phi < 50$	2.5
$50 \leq \phi < 100$	2.0
$100 \leq \phi < 250$	1.3
$250 \leq \phi$	1.0

表 6　配管径別係数 Z

* S の投入組数の目安として，施工面積 250〜400 m² に 2 組ぐらい。1 組の構成として配管工 2 人，手元 1 人
* 作業歩掛りは平均配管取付け 30〜55 m²/日・組

(5) 軽量鉄骨天井下地

$$D = \frac{1}{35 \times S} \times A \times K \cdots\cdots \text{式 5}$$

D：軽量鉄骨天井下地実働日（日）
A：室内面積（m²）
K：難易度係数
35：作業能率定数（m²/日・人）
S：投入人員（人）

難易度	係数
下がり壁・カーテンボックス	1.8
懐の高さ ≧ H =1,500 mm	1.2
一般部・フラット面	1.0

表 7　難易度係数 K

* 作業歩掛りは平均組立て 25〜40 m²/日・人

* S の投入人員の目安として，施工面積 100〜120 m² に 1 人ぐらいが望ましい。階の仕上工程（日数）により上階に無駄なく連続的に作業が進められるように S を調整する

(6) 壁軽量鉄骨間仕切り

$$D = \frac{1}{25 \times S} \times A \times K \cdots\cdots \text{式 6}$$

D：壁軽量鉄骨間仕切り実働日（日）
A：壁軽量鉄骨間仕切り面積（m²）
K：スタッド高さによる係数
25：作業能率定数（m²/日・人）
S：投入人員（人）

スタッド高さによる	係数
4,000 mm < H	1.8
3,700 mm < H ≦ 4,000 mm	1.5
H ≦ 3,700 mm	1.0

表 8　スタッド高さによる係数 K

* 作業歩掛りは平均組立て 20〜35 m²/日・人

(7) 天井プラスターボード下地張り（ボード厚 12 mm）

$$D = \frac{1}{20 \times S} \times A \times K \cdots\cdots \text{式 7}$$

D：天井下地張り実働日（日）
A：下地の天井面積（m²）
K：難易度係数
20：作業能率定数（m²/日・人）
S：投入人員（人）

* 作業歩掛りは平均下地張り（PB 厚 12 mm）16〜25 m²/日・人

難易度	係数
段差が多い・斜め・曲線	1.2
一般部・フラット	1.0

表9　難易度係数 K

(8) 照明器具欠込み補強

$$D = \frac{1}{18 \times S} \times N \times K \quad \cdots\cdots \quad 式8$$

D：照明用軽量鉄骨天井下地補強日数（日）
N：設備照明器具欠込み個数（個）
K：難易度係数
18：作業能率定数（個/日・組）
S：投入組数（組，1組2人程度）

難易度	係数
段差がある・多角形形状など	1.3
通常蛍光灯・一般照明器具	1.0

表10　難易度係数 K

＊作業歩掛りは平均下地鉄骨補強15〜21個/日・組

(9) 天井岩綿吸音板張り

$$D = \frac{1}{25 \times S} \times A \times K \quad \cdots\cdots \quad 式9$$

D：天井岩綿吸音板張り実働日（日）
A：天井施工面積（m²）
K：難易度係数
25：作業能率定数（m²/日・人）
S：投入人員（人）

難易度	係数
段差が多い・斜め・曲線	1.1
一般部・フラット	1.0

表11　難易度係数 K

＊作業歩掛りは平均天井岩綿吸音板張り22〜35 m²/日・人

(10) 天井足場解体・片付け

$$D = \frac{A}{350 \times S \times K \times Z} \quad \cdots\cdots \quad 式10$$

D：天井足場解体面積の実働日（日）
A：天井足場解体面積（m²）
350：作業能率定数（m²/日・組）
S：投入組数（組，1組2〜3人程度）
K：足場の天端高さによる係数
Z：足場の種類別係数（2 m以上は作業床べた張り）

足場の天端高さ	係数
500 mm ≦ H < 2,000 mm	1.5
2,000 mm ≦ H < 3,700 mm	1.0

表12　足場の天端高さによる係数 K

足場の種類	係数
脚立足場 900 mm 程度	1.5
脚立足場 1,900 mm 程度	1.2
枠組足場 1 段程度	1.1
枠組＋単管足場 ≧ 2,000 mm	1.0

表13　足場の種類別係数 Z

＊Sの投入工数の目安として，施工面積250〜400 m²に1組ぐらい。1組の構成として鳶職2人，手元1人程度，2,000 mm以下の足場なら専門工事業者（仕上げ職人）の自主架設で十分である
＊作業歩掛りは平均天井足場解体面積280〜380 m²/日・組

(11) サッシ額縁取付け

$$D = \frac{1}{23 \times S} \times L \times K \quad \cdots\cdots \quad 式11$$

D：額縁取付け実働日（日）
L：額縁周長（m）

(1)型枠解体・片付け (2)仕上げ墨出し (3)天井足場架設 (4)設備配管工事

K：難易度係数 1.0, 1.1, 1.2, 1.3, 1.4, 1.5
23：作業能率定数（m/日・人）
S：投入組数（組）

＊難易度係数 K は任意に指定する
＊作業歩掛りは平均取付け周長 18〜28 m/日・人
＊この建物では断熱工事がないため，すぐ(12)の壁のプラスターボード張りに入るが，通常では，断熱材を躯体と一体型で打ち込むか，この段階で断熱材の取付けを施工する

(12) 壁プラスターボード張り（GL工法）

$$D = \frac{1}{30 \times S} \times A \times K \quad \cdots\cdots \quad 式12$$

D：プラスターボード張り実働日（日）
A：壁 PBGL 工法張り面積（m²）
K：難易度係数
30：作業能率定数（m²/日・人）
S：投入人員（人）

難易度	係数
3,600 mm 以上・足場上作業	1.3
2,400 mm < H ≦ 3,600 mm	1.2
H ≦ 2,400 mm	1.0

表14 難易度係数 K

＊作業歩掛りは平均壁プラスターボード GL 工法張りで 25〜36 m²/日・人
＊軽量鉄骨間仕切りにビス留め張りの作業歩掛り 32〜46 m²/日・人

(13) 壁 AEP 塗装工事

$$D = \frac{A}{20 \times S} \quad \cdots\cdots \quad 式13$$

D：AEP 塗装（下地処理とも）実働日（日）
A：プラスターボード下地塗装面積（m²）
20：作業能率定数（m²/日・人）
S：投入人員（人）

＊作業歩掛りは平均壁プラスターボード下地処理 18〜25 m²/日・人

(5)軽量鉄骨天井下地　(6)壁軽量鉄骨間仕切り　(7)天井プラスターボード下地張り　(8)天井器具欠込み補強　(9)天井岩綿吸音板張り　(10)天井足場解体・片付け　(11)サッシ額縁取付け　(12)壁プラスターボード張り　(13)壁AEP塗装　(14)天井照明器具取付け

(14) 天井照明器具取付け

$$D = \frac{1}{15 \times S} \times N \times K \quad \cdots\cdots \text{式14}$$

D：照明器具取付け日数（日）
N：設備照明器具個数（個）
K：難易度係数
15：作業能率定数（個/日・組）
S：投入組数（組，1組2〜3人程度）

難易度	係数
特殊型器具・シャンデリア型	1.3
通常蛍光灯・一般照明器具	1.0

表15　難易度係数 K

＊作業歩掛りは平均 12〜18 個/日・組

(15) 床タイルカーペット張り

$$D = \frac{A}{40 \times S} \quad \cdots\cdots \text{式15}$$

D：床タイルカーペット張り実働日（日）
A：床タイルカーペット張り面積（m²）

40：作業能率定数（m²/日・人）
S：投入人員（人）

＊作業歩掛りは平均 36〜48 m²/日・人

(16) ソフト幅木取付け

$$D = \frac{L}{100 \times S} \quad \cdots\cdots \text{式16}$$

D：ソフト幅木張り実働日（日）
L：ソフト幅木張り延べ長さ（m）

100：作業能率定数（m/日・人）
S　：投入人員（人）

＊作業歩掛りは平均 80〜120 m/日・人

(17) 床養生（ビニルシート張り）

$$D = \frac{A}{60 \times S} \quad \cdots\cdots \text{式17}$$

D：床養生張り実働日（日）
A：床養生面積（m²）

60：作業能率定数：（m²/日・人）
S：投入人員（人）

＊作業歩掛りは平均 50〜70 m²/日・人

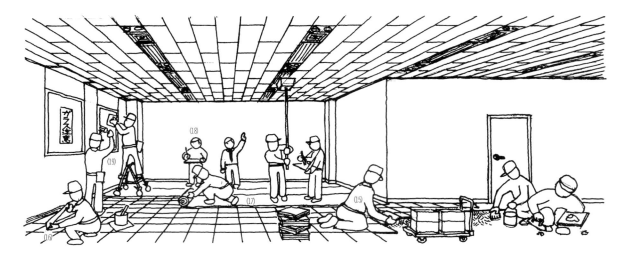

(15)床タイルカーペット張り　(16)ソフト幅木取付け　(17)床養生　(18)照明（照度）・空調テスト　(19)クリーニング・清掃

(18) 照明（照度）・空調テスト

$D = K$ …… 式18

D：テスト実働日
A：建物床面積

室内面積 A	日数 K
$3{,}200\,m^2 < A$	4 以上
$1{,}600\,m^2 < A \leq 3{,}200\,m^2$	3
$0\,m^2 < A \leq 1{,}600\,m^2$	2

表16　室内面積 A による日数 K

(19) クリーニング・清掃

$D = K$ …… 式19

D：クリーニング実働日（日）
A：クリーニング床面積（m^2）

床面積 A	日数 K
100 m^2 未満	〜2 日
100〜250 m^2	2〜3 日
250〜400 m^2	3〜5 日
400〜600 m^2	5〜6 日
600〜800 m^2	6〜8 日
800〜1,000 m^2	8〜10 日
1,000〜1,500 m^2	10〜15 日
1,500 m^2 以上	15 日

表17　床面積 A による日数 K

留意事項

消防法・消防中間検査関連

● 内部仕上げなどで隠蔽される水平，垂直区面を貫通するスリーブ類およびすき間は，必ずコンクリートで穴埋めする。設備機械室や，天井裏で隠蔽されてしまう設備機器，配管類は，必ず消防中間検査を受けて合格した検査済証を保管しておく。

建築基準法・不具合関連

● 軽量鉄骨天井野縁材の張出し長さは 150 mm 以内，亜鉛付着数量は 120 g/m^2 以上の定めがあるので，確認すること。

● 外壁側では，内部結露の恐れがあるので，あらかじめ内部結露を考慮して壁の構成を決める。

● コンクリートが生乾きの段階で，プラスターボードなど吸水率の大きな材料で内装仕上げをすると，ボードなどが吸水して，反り，ふくらみが発生する。

施工上のポイント

● 階段室は昇降のための作業通路でもあるので，早い時期に仕上げ工事を施工し，通路を確保する。

● 左官，ブロック工事などで水，砂を使用する施工は早い時期に終了させて，靴の裏に砂をつけて，場内に持

ち込まないようにする。
- スラブ，梁型枠などの解体時に床のコンクリートの金ごて仕上げ面を傷めないように，ゴムシートなどで養生する。
- 床の調整，またはモルタル仕上げがある場合は，乾燥に相当な時間がかかるので，できるだけ早く施工する。
- クロス張り，エマルジョン系の塗装で水分の蒸発を期待する作業は，湿度を下げるなど品質管理に気をつける。
- 高速カッター，グラインダーなどの作業では，尖った金属微片が周囲に刺さることにより，後日，錆が発生することもあるので養生する。
- 造作工事の完成後は，人の手垢，油が染み込むので関係者以外の入室を禁止する。

安全のポイント

有機溶剤系の注意
- 内部仕上げの施工においては，有機溶剤系中毒，引火爆発の恐れのある工事は，危険を回避するための換気設備，規定内の危険物管理の徹底，防爆用照明設備，火気厳禁などの措置を徹底する。
- 防水，塗装工事などで使用する有機溶剤の保管は，消防法の危険物取扱基準を遵守し，施工中は換気設備を設け，かつ，防毒マスク等の着用を義務付けるなど安全管理を徹底する。
- 断熱工事のウレタン吹付け工事は，引火性が強く，爆発の恐れがあるので，火気類の使用，電気類の火花防止など徹底した火気の管理が必要である。
- 有毒な粉塵，ガラスクロスの微細な繊維が飛び散る解体工事では，呼吸器保護のため，防護マスクを使用させる。

転倒・墜落・飛来落下の注意
- 内部仕上げでは，移動足場，脚立，足場架台を利用した足場が多く，墜落，転落，転倒の事故防止の対策を講ずる。
- 階段室の仕上げ足場は斜めの足場となるので，昇降設備や滑り止めの設置は，作業のしやすいように作業員とよく打ち合わせてから取り付け，転落事故が起きないように手摺りを取り付け，開口部は完全に塞ぐなど安全対策を徹底する。

火災事故に関する注意
- 仕上げ工事での火災事故は，危険物に近い可燃物への引火，ウレタン保温シートの着火，また，溶剤系の塗料や接着剤などへの着火事故が主要因となる。火気使用の作業では周囲の可燃物の排除など養生を徹底する。
- 仕上げ工事では溶接作業も多く，仕上がった部分への焼け焦げ，傷も生じるので，完全な養生と火災事故防止を徹底する。

火傷・怪我の注意
- 溶接中の火炎により，網膜を火傷することもあるので，作業員は防護マスクをする。また，火炎を近くで見た人も火傷する恐れがあるので，遮蔽して作業する。
- 高速カッター，グラインダーの作業では微細な金属片が飛び散るので，必ず防護眼鏡を使用させる。
- ガラス繊維を使用した内装材では，目や皮膚に刺さらないように，防護眼鏡，皮膚の露出箇所がないように作業服で防護する。

荷崩れ・その他の注意
- 石工事，ブロック工事では，荷崩れのないように，また，材料の転倒がないように置き方に注意する。
- 感電事故防止のため，溶接機には電撃防止器，持込み電動機器類の点検，キャブタイヤーケーブルの点検，また，現場においてはアース付き3芯キャブタイヤーケーブルを使用させる。

工期短縮の手法

- 躯体工事において，普通コンクリートに早強ポルトランドセメントを用いた早強コンクリートを使い，強度出現を早くする方法がある。1フロアで，10日ぐらい短縮が可能である。
- 板下，梁下以外の型枠解体は可能なので，外周の壁，柱の解体と仕上げ墨出し作業を行う。
- 敷居，鴨居，窓枠，三方枠，造り付け家具，収納庫等は，現場においての造作加工を止め，木工場または家具工場に外注し，現場では取付けまたは組立てのみとする。
- 三方枠や扉，床のフローリング等は，メーカー品や既製品を使用する。
- 湿式の仕上げ工法を，可能な限り乾式に変更し，乾燥期間を短縮するとともに，汚れ，水こぼしを減らす。
- ユニット化，プレハブ化，工場製作加工化を考え，高品質で，精度の良い施工をする。

外部仕上げ工事 11

　外部仕上げ工事は，躯体工事（コンクリート打設）後，養生を行い，型枠解体が終了してからの外部の仕上げで，全体工程のクリティカルパスとならないように計画するのが一般的だが，天候に左右されやすいため，歩掛りによる実働日数，暦日換算を行い，工事の途中でフォローアップができるよう計画することが望まれる。

フロー

で囲まれた作業の所要期間は本項の算定式に含まない。
で囲まれた作業は工法によっては行わない場合がある。

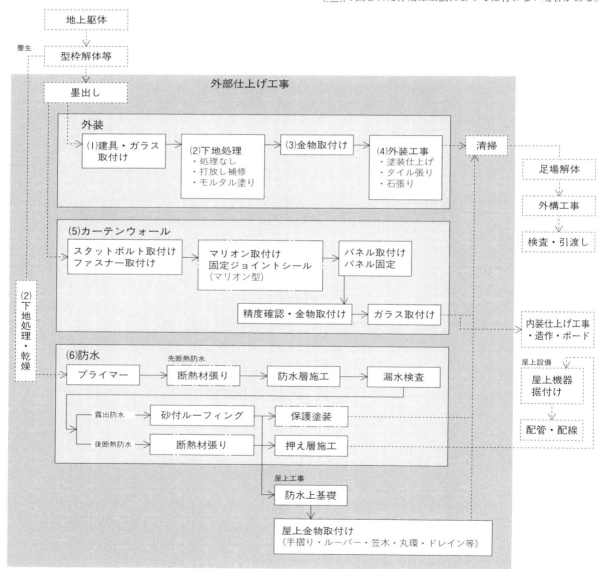

算定式

概算工程については，図1により求めた実働日（d）と各係数（$K_1 \cdot K_2$）を利用し，式1により求めるが，実施工程では各外部仕上げ要素を積み上げて算定するので，外部工事の各作業の算定式を（1）〜（6）に記載し，第3章の例題を利用して積上げによる外部仕上げ工事の日数を算定する。

外部仕上げは全体工程のクリティカルパスとならないように設定するのが一般的で，工事の開始時期，投入数量などを考慮して工程を作成する。ただし，内部仕上げのほとんどない建物（倉庫など），低層などで下階から順次仕上げを進められないときなどは，外部仕上げがクリティカルパスとなる場合があるので十分な検討が必要である。

$$D = d \times K_1 \times K_2 \quad \cdots\cdots \quad 式1$$

D：外部仕上げ実働日
d：建物面積による実働日数（図1による）
K_1：主な外部仕上げによる係数
K_2：建物用途による係数

- 養生は，「内部仕上げ工事」算定式（17）床養生参照（61頁）
- 型枠解体・片付けは，「内部仕上げ工事」算定式（1）参照（57頁）
- 墨出しは，「内部仕上げ工事」算定式（2）参照（57頁）

＊図1ではクリティカルパスとなる階の床面積および延べ面積で求めた実働日の多いほうの日数を採用する
＊同実働日数は，クリティカルパスとなる階の立上りコンクリートの養生および型枠解体が完了してから足場解体前までの期間を示す

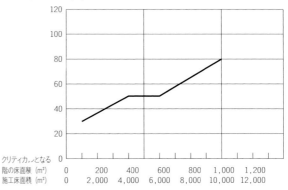

図1　建物面積による実働日数

仕 上 種 別	係数
タイル・石張り	1.0
打放し補修の上吹付け	0.8
カーテンウォールなど	0.75
ALC板等の上吹付け	0.7
タイル打込みなど	0.6

表1　主な外部仕上げによる係数 K_1

建 物 用 途	係数
ホテル・旅館	1.1
事務所など	1.0
共同住宅	0.95
スーパー・ショッピングセンター	0.85
倉庫・車庫	0.8

表2　建物用途による係数 K_2

(1) 建具取付け工事（取付け→モルタル詰め→ガラス嵌込み→ガラスシール）

$$D = \frac{A}{10 \times S} + 3 \quad \cdots\cdots \quad 式2$$

D：建具取付け実働日（日）
10：作業能率定数（m²/日・人）
A：取付け建具面積（m²）
S：投入人員（人）
3：取付け以外の作業定数（日）

＊投入人員は，床面積120〜200 m²に1人
＊建具取付け工事投入人員は，共同住宅など比較的開口の多い場合120 m²程度に1人，倉庫など開口のない場合は200 m²程度に1人を目安とする

(2) 下地処理工事（左官）

$$D = \frac{A}{6 \times S \times K} \quad \cdots\cdots \text{式3}$$

D：左官工事実働日（日）
A：施工面積（m²）
6：作業能率定数（m²/日・人）
S：投入人員（人）
K：部位別係数

＊床面積 40～120 m² に1人投入
＊左官工事投入人員は，共同住宅など比較的左官処理の多い場合，施工面積 40 m² 程度に1人，倉庫など左官処理の少ない場合，施工面積 120 m² 程度に1人を目安とする

部位別	係数
打放し補修壁	3
打放し補修スラブ下	2
左官仕上げ壁	1
左官仕上げ床	2
左官笠木・側溝など	0.2

表3　部位別係数 K

(3) 金物取付け工事

$$D = \frac{A}{S \times K} \quad \cdots\cdots \text{式4}$$

D：金物取付け（手摺りなど）実働日（日）
A：金物取付け長さ（m）または箇所数（箇所）
S：投入人員（人）
K：種別係数

＊投入人員は取付け長さ（面積）20～30 m/人（30～50 m²/人）
＊投入人員は取付け箇所 10～20 か所/人（最低1人とする）
＊金物類は，その製品，取付け工法により工程歩掛りが違うため，同算定は目安とし，必ず専門業者と十分打合せを行う

種別	係数
手摺り一基礎とも	3～4
手摺り・笠木	5～10
見切り	25～35
ルーバーなど	10～15
縦樋	8～15
軒樋	10～20
エキスパンションジョイント	3～8

表4　種別係数 K

種別（箇所）	係数
ルーフドレイン	3～6
丸環	2～4
マンホール	2～5
天井点検口	4～6
床点検口	3～5
タラップ	1～2
面格子	5～10

表5　種別係数 K

(4) 外装工事

塗装（養生とも）工事

$$D = \frac{A}{65 \times S \times K_1 \times K_2} + 1 \quad \cdots\cdots \text{式5}$$

D：塗装工事（養生とも）実働日（日）
A：塗装面積（m²）
65：作業能率定数（m²/日・組）
S：投入組数（組）
K_1：仕上げ別係数
K_2：作業能率係数
1：養生先行日数（日）

＊投入組数は，施工面積 300～500 m² に1組（最低1組）を目安とする
＊養生については，塗装工事に1日先行してラップしながら実施することとして考慮した。養生取外しは，乾燥後実施するので，この算定式には含まない
＊1組とは，塗装工1人＋手元1人として考慮

仕上げ種別	係数
リシン吹付け	2
マスチック	1.5
吹付けタイル	1
石目吹付け	0.5

表6　仕上げ別係数 K_1

壁面状況	係数
開口が少なく凹凸が少ない	1.2
開口が多いが凹凸が少ない	1
開口が多く凹凸が多い	0.8

表7　作業能率係数 K_2

タイル張り（目地詰めとも）工事

$$D = \frac{A}{16 \times S \times K_1 \times K_2 \times K_3 \times K_4} \quad \cdots\cdots \text{式6}$$

D：タイル張り（目地詰めとも）工事実働日（日）
A：タイル張り面積（m²）
16：作業能率定数（m²/日・組）
S：投入組数（組）
K_1：仕上げ別係数
K_2：作業能率係数
K_3：目地別係数
K_4：工法別係数

＊投入組数は，施工面積100～200 m²に1組を目安とする
＊1組とは，タイル工2人＋手元1人として考慮
＊算定式は目地施工までの工程で，最終のタイル洗いは含まない。タイル洗いは，目地が完全に乾燥（約2～3週間以上）した後に行い，1組（3～5人）で500 m²/日以上清掃を目安とする。一般的には汚れは最終段階で落とすため，足場解体の少し前に行うよう工程を組む

仕上げ種別	係数
小口タイル	
（シート）など	1
二丁掛け	0.8
ボーダー	0.7

表8 仕上げ別係数 K_1

壁面状況	係数
開口が少なく凹凸が少ない	1.3
開口が多いが凹凸が少ない	1
開口が多く凹凸が多い	0.7

表9 作業能率係数 K_2

目地工法	係数
目地なし	1.1
一般目地	1
深目地	0.9

表10 目地別係数 K_3

タイル張り工法種別	係数
密着	1
圧着	1
改良圧着	0.9
積上げ	0.95
改良積上げ	0.85

表11 工法別係数 K_4

石張り工事

$$D = \frac{A}{6 \times S \times K_1 \times K_2 \times K_3} \quad \cdots\cdots \text{式7}$$

D：石張り工事実働日（日）
A：石張り面積（m²）
6：作業能率定数（m²/日・組）
S：投入組数（組）
K_1：材料別係数
K_2：作業能率係数
K_3：部位・工法係数

＊投入組数は，施工面積100～200 m²に1組を目安とする
＊目地施工および石洗いは算定式に含まない。石洗いは，1組（3～5人）で300 m²/日以上清掃を目安とする。一般的には汚れは最終段階で落とすため，足場解体の少し前に行うよう工程を組む
＊石積みなど特殊な石工事の場合は，それぞれ内容に応じて専門業者と打合せのうえ工程を作成すること
＊1組とは，石工2～3人＋手元1～2人とする。施工面積が100 m²以下でも1組（3人）とする

仕上げ材料別	係数
テラゾー	1.3
花崗岩	1
鉄平石	1
大理石	0.9

表12 材料別係数 K_1

壁面状況	係数
開口が少なく凹凸が少ない	1.2
開口が多いが凹凸が少ない	1
開口が多く凹凸が多い	0.7

表13 作業能率係数 K_2

部位・工法など		係数
床	ひき	1.2
	わり	1.1
壁　湿式	ひき	1
	わり	0.9
乾式	ひき	1.2
	わり	1.1

表14 部位・工法係数 K_3

(5) カーテンウォール

$$D = \frac{A}{8 \times S \times K} \quad \cdots\cdots \text{式8}$$

D：カーテンウォール工事実働日数（日）
A：カーテンウォール施工面積（m²）
8：作業能率定数（m²/日・組）
S：投入組数（組）
K：種別係数

* 投入組数は，PCa系の場合，施工面積150～200 m² に1組，金属系の場合，施工面積100～150 m² に1組を目安とする
* 1組は3～4人とする。ガラス取付けは，カーテンウォール取付けと並行して工程上考慮した。PCa系CWは揚重機台数などが組数に影響するので注意

種　　別	係　数
PCa系CW	1.5
金属系CW 一般マリオン型	1
バックマリオン型	0.9
パネル型	0.8

表15　種別係数 K

(6) 防水工事

$$D = \frac{A}{80 \times S \times K_1 \times K_2} \quad \cdots\cdots \text{式9}$$

D：防水工事実働日数（日）
A：防水工事施工面積（m²）
80：作業能率定数（m²/日・組）
S：投入組数（組）
K_1：工法別係数
K_2：作業能率係数

* 投入組数は，施工面積500～800 m² に1組を目安とする
* 1組は3～5人とする

工法など		係数
アスファルト	密着 押え無	1.0
	有	0.8
	密着断熱 押え無	0.8
	有	0.6
	絶縁 断熱無	0.9
	有	0.7
シート防水	歩行	2.1
	非歩行	1.8
塗膜防水	歩行	2.2
	非歩行	1.9

表16　工法別係数 K_1

屋上躯体突起物状況	係　数
機械基礎などが多い	0.9
普通	1.0
少ない	1.1

表17　作業能率係数 K_2

留意事項

共通

- 外部での工事は，施工中の天候（雨，風，温・湿度）が工程および品質管理に影響を及ぼすため，施工場所の養生，工程上の考慮が必要。
- 施工面積が多い場合やバルコニー，目地などで各階が区切られている場合は，各フロアを単位に工事を進めると少人数で連続した作業ができ，工程管理上も有利だが，上階の躯体工事などとの上下作業となるため，水平養生等の安全施設が必要。また，施工数量が少ない場合は，連続して施工できるような工程計画を作成する必要がある。
- 重量物の取付け場所までの小運搬方法などにより，工期に影響があるので注意する必要がある。

型枠解体

- せき板の最小存置期間（表18）を厳守。
  - 型枠解体（柱・梁側・壁）ポイント
  1) コンクリート圧縮強度 5 N/mm² 以上（約2～5日）必要。
  2) 存置期間温度が 10℃ 以下。
  - 型枠解体（スラブ・梁下）ポイント
  1) 原則として，スラブ・梁下ともコンクリート圧縮強度が設計基準強度以上必要。
  2) 原則として，支柱2層受け以上。

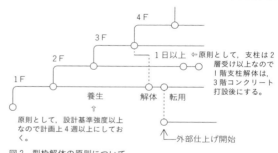

図2　型枠解体の原則について

施工箇所	基礎・梁側・柱・壁			
セメントの種類 存置期間中 の平均気温	早強ポルトランドセメント	普通ポルトランドセメント 混合セメントA種	混合セメント B種	中庸熱ポルトランドセメント 低熱ポルトランドセメント
コンクリートの材齢 による場合(日) 15℃以上	2	3	5	6
5℃以上	3	5	7	8
0℃以上	5	8	10	12
コンクリートの圧縮 強度による場合	—	圧縮強度が 5 N/mm² 以上となるまで		

表18 せき板の最小存置期間

- 金属建具は実際の納入まで約14週間は必要なため，発注時期（メーカー決定）などを考慮する。

図3 金属建具の一般的納入フロー

金物取付け

- ドレイン，丸環などの金物は，コンクリートに打込みすることが多く，大工の型枠建込み時に並行して取り付けられる場合があるため，特別に日数をとらない。
- 金物によっては下地（アンカー，受け金物）を取り付けて，外装などの仕上げを行い，その後カバーなどを施工し完了する場合があるので注意する。
- 金物取付け工事は，一般的に下地処理などの工事と並行して行うので外壁仕上げのクリティカルパスとならない場合が多い。

図4 金物取付け工事の概略

塗装仕上げ

- 下地材料を塗装前に放置して，下地の含水率は10%以下，アルカリ度pH 9以下になってから塗装に着手。
- 一つの面でみえる外壁（妻側などの区切りのない面）では，全体的に施工をしないと色・模様むらが起きる場合があるので，工程的にも連続して施工するように考慮する。
- 外壁に多種の仕上げがある場合，取合いの面から塗装工事は最後とする（図5）。
- 塗装工事の場合，下地の乾燥状態により工程上延期することがあるため，余裕のある工程を設定し，全体のクリティカルパスに影響が出ないよう考慮する。

下地材料	夏期	春・秋期	冬期
コンクリート	21日	21～28日	28日
セメントモルタル，石こうプラスター	14日	14～21日	21日
ドロマイトプラスター，しっくい	2か月	2～3か月	3か月

表19 下地材料の放置期間の目安

図5 タイル～塗装～石工事の概略

タイル・石張り
- 外装工事のタイル工事がクリティカルパスとなる場合もある（量的にも多い場合がある）。一般的に，クリティカルパスとなる最上階の内部仕上げ工事の完了前に後工事（他の外装工事，外構工事など）を含め完了させるよう工程を検討するが，開始時期などの関係から（とくに，低層で1層が広い建物）外部仕上げ（とくにタイル工事）が，クリティカルパスになる場合があるので注意する。
- ユニットタイル張りなど工期的に有利な工法があるため，タイル割りなど考慮のうえ仕上げ工法を検討する。

特殊工法，工期短縮の手法

共通
- スラブなどの支保工組立ておよび解体工事の短縮のため，同モデル建物のようにスラブをデッキとしたり，PCa板を採用したりする場合もある。一般スラブでも床板支保工の使用または，解体を行わない捨て型枠一体型の床板支保工によって工期の短縮を図る場合もある。
- 外壁のPCa化または，ハーフPCa化により外装工事（建具取付け・左官・タイル・石工事など）を短縮もしくは省略できる。ただし躯体工事との関連が大きいので採用については，建物計画段階からの検討が必要。
- 風雨の影響を受けない養生などを実施し，工期の順延を避ける。

下地処理
- 施工および乾燥期間が必要なモルタル下地は，工期短縮のため避ける。

金物取付け
- 金物取付けが外壁仕上げのクリティカルパスとならないような手順の考慮，工法の選択を行う（他工事との並行作業を考慮）。
- ドレン，丸環などの金物およびアンカー類を躯体打込みとし，後工事を少なくする。
- 屋上手摺りなど，基礎を含めた取付けの場合，型枠，コンクリート，左官と多くの工種を必要とするが，コンクリート2次製品を使用するなど工種を少なくすることによって工期の短縮を図る。

塗装仕上げ
- 吹付け系統の塗装工事は，養生，作業工程が多いのでローラー仕上げに変えて工期短縮する。
- 金物類（手摺りなど）は，ステンレス，アルミ，メッキ仕上げなどに変えて現場塗装仕上げをなくす。

タイル張り
- 外部タイル工事を短縮するため，タイル打込み工法を採用すると外装工事としてのタイル工事はなくなるが，クリティカルパスとなる躯体工事が延び施工精度の面でもさまざまな問題があるため，採用には十分な検討が必要である。
- ユニットタイル張りとする，また，役物タイルを使用しないようにすることによって短縮を図る。

安全のポイント

関連工事の災害防止策の検討
　関連工事の作業に当たり飛来・落下，火災，有機溶剤中毒などの災害防止に対し，総合的に計画，検討が必要である。

進捗に合わせた災害防止措置
　多業種が同時進行するため，各工事の安全設備，工法，使用機器，および作業手順・方法の周知と進捗に合わせた措置を行う。

材料の過積載などの禁止
　石，タイルなどの重量物の置き場の過積載や不安定な仮置きなどを禁止する。

酸類を用いた清掃時の災害防止措置
　取扱い上の注意と，防護措置ならびに第三者への災害防止措置を実施する。

防水工事の火災防止措置
　溶融釜からの可燃物，燃料の隔離および防水材料の保管，防火管理をする。

塗装工事での有機溶剤中毒防止措置
　給気・換気を実施し防護マスクを使用する。

左官工事での巻き込まれ防止措置
　ミキサー管理者の指定，始業前点検を実施し注意する。

金属工事での火災防止措置
　溶接，溶断，グラインダーなどの火花による火災の防止措置と作業員の災害防止として，防護眼鏡・マスク・手袋を着用する。

外構工事 12

　外構工事は天候の影響をまともに受けることはもちろんだが，仮設設備の有無にも左右される。したがって外構工事が全体工程上クリティカルパスにならぬよう，できるだけ早期に着手し竣工間際での工事量を減らしておくことが工程管理のコツである。

フロー

で囲まれた作業の所要期間は本項の算定式に含まない。

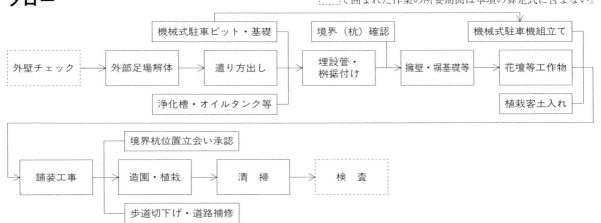

算定式

(1) 外部足場解体

$$D = \frac{A}{290 \times S} + 1 \quad \cdots\cdots \text{式1}$$

D ：足場解体実働日（日）（枠組足場，朝顔なし）
A ：解体足場面積（m²）
290：作業能率定数（m²/日・組）
S ：投入組数（組，1組4人程度）
1 ：養生（シートなど）解体日数（日）

(2) 桝据付け

$$D = \frac{N}{2.5 \times S \times K_1 \times K_2} \quad \cdots\cdots \text{式2}$$

D ：据付け実働日（掘削，埋戻し含む）
N ：箇所数（箇所）
2.5：作業能率定数（箇所/日・組）
　　　管底は平均，GL－70 cm とした時
S ：投入組数（組，1組2～3人程度）

K_1 ：径別係数　300×300 …………… 1.3
　　　　　　　　450×450 …………… 1.0
　　　　　　　　φ600 ………………… 0.7
K_2 ：掘削係数　手掘り ………………… 1.0
　　　　　　　　機械掘り ……………… 1.35

(3) 埋設管

$$D = \frac{L}{6.5 \times S \times K_1 \times K_2} \quad \cdots\cdots \text{式3}$$

D：埋設配管（掘削，埋戻し含む）の実働日
L：敷設延べ長さ（m）
6.5：作業能率定数（m/日・組）
　　　ただし管底は平均，GL－70 cm とした時
S：投入組数（組，1組2～3人程度）

K_1：管径別係数　　φ100～150VP $\cdots\cdots\cdots\cdots$ 1
　　　　　　　　　　φ150～200HP $\cdots\cdots\cdots\cdots$ 0.5
K_2：掘削係数　　　手掘り $\cdots\cdots\cdots\cdots\cdots\cdots$ 1
　　　　　　　　　　機械掘り $\cdots\cdots\cdots\cdots\cdots$ 1.35

(4) 擁壁

間知石積み

$$D = \frac{A}{6.5 \times S} + 4 \quad \cdots\cdots \text{式4}$$

D：間知石積みの実働日（日）
A：間知石積みの面積（m²）
6.5：作業能率定数（m²/日・組）
S：投入組数（組，1組5人）

4：先行基礎築造日数（日）
※ D（実働日）を算出した結果 $D \leq 4$ の時は，最低4日間必要日数とする。$D > 4$ の時は，算出数値とする

コンクリートL形擁壁

$$D = \frac{L}{2 \times S} \quad \cdots\cdots \text{式5}$$

D：L形擁壁の実働日（日）
L：L形擁壁の延べ長さ（m）（高さ2～3 m）
2：作業能率定数（m/日・組）

S：投入組数（組，1組4人）
※ D（実働日）を算出した結果 $D \leq 6$ の時は，最低6日間必要日数とする。$D > 6$ の時は，算出数値とする

(5) 境界塀（コンクリート製）

$$D = \frac{L}{5 \times S} \quad \cdots\cdots \text{式6}$$

D：境界塀の実働日（日）
L：境界塀の延べ長さ（m）（高さ1～2 m）
5：作業能率定数（m/日・組）

S：投入組数（組，1組3人）
※ D（実働日）を算出した結果 $D \leq 4$ の時は，最低4日間必要日数とする。$D > 4$ の時は，算出数値とする

(6) 縁石敷設

$$D = \frac{L}{80 \times S \times K_1} \quad \cdots\cdots \text{式7}$$

D：縁石敷設の実働日（日）
L：縁石の延べ長さ（m）
80：作業能率定数（m²/日・組）
S：投入組数（組，1組3人）

K_1：縁石サイズによる係数
　　　地先境界ブロック　120×120×120 $\cdots\cdots\cdots$ 1
　　　片面・両面歩車道境界ブロック
　　　　　　　　　　150×170(190)×200 $\cdots$ 0.75
※ D（実働日）を算出した結果 $D \leq 2$ の時は，最低2日間必要日数とする。$D > 2$ の時は，算出数値とする

(7) U字溝敷設

$$D = \frac{L}{24 \times S \times K_1} \quad \cdots\cdots \text{式8}$$

D：U字溝敷設の実働日（日）
　　（他に必要に応じて蓋のセットを加算する）
　　（掘削，埋戻し含む）

L：U字溝敷設延べ長さ（m）
24：作業能率定数（m/日・組）
S：投入組数（組，1組4人）
K_1：U字溝サイズによる係数
　　　U 240 $\cdots\cdots\cdots\cdots\cdots\cdots\cdots$ 1

　　　　　　　　U 300 ・・・・・・・・・・・・・・・・・・ 0.85

※ D（実働日）を算出した結果 $D ≦ 2$ の時は最低 2 日間必要日数とする。$D > 2$ の時は、算出数値とする

(8) アスファルト舗装工事（乗用車通行程度）

$$D = \frac{A}{180 \times S \times K_1} \quad \cdots\cdots \quad 式9$$

D ：舗装工事の実働日（路床、路盤とも）（日）
　　※最低 2 日とする
A ：舗装面積（m²）
180：作業能率定数（m²/日・組）
S ：投入組数（組、1 組 6 人）
K_1 ：敷地の状況による係数
　　　　　600～1,000 m² 以上機械舗装可 … 1
　　　　　6,000 m² 以下人力舗装 ・・・・・・・・・ 0.6

※ D（実働日）を算出した結果 $D ≦ 2$ の時は、最低 2 日間を必要日数とする。$D > 2$ の時は、算出数値とする

項　目	機械施工の歩掛り (600 m² 以上の施工面積)		人力施工の歩掛り (600 m² 以下の施工面積 2 t 程度の機械使用可)
路床工		1,200 m²/日	90 m²/人　（540 m²/1 組 6 人）
路盤工	$t = 100$	800 m²/日	40 m²/人　（240 m²/1 組 6 人）
	$t = 150$	600 m²/日	27 m²/人　（160 m²/1 組 6 人）
表層工	$t = 50$	600～1,200 m²/日	41 m²/人　（245 m²/1 組 6 人）
＊アスファルトの比重 2.4			

表 1　アスファルト舗装工事の内訳と歩掛り

(9) 舗床工事

土間コンクリート

$$D = \frac{A}{200 \times S \times K_1} \quad \cdots\cdots \quad 式10$$

D ：土間コンクリート工事の実働日（日）　※最低 2 日とする（状況に応じ養生期間を 1 日以上加算する）
A ：舗床面積（m²）
200：作業能率定数（m²/日・組）
S ：投入組数（組、1 組 6 人）

K_1 ：敷地の状況による係数
　　　　600～1,000 m² 以上大型機械施工可 ・・・・・・・・ 1
　　　　600 m² 以下人力施工 ・・・・・・・・・・・・・・・・・・ 0.6
※ D（実働日）を算出した結果 $D ≦ 2$ の時は、最低 2 日間を必要日数とする。$D > 2$ の時は、算出数値とする

舗床仕上げ

タイル張り仕上げの場合

$$D = \frac{A}{21 \times S} \quad \cdots\cdots \quad 式11$$

D ：タイル張り工事の実働日（日）（土間コンを除く）　※最低 2 日とする
A ：舗床面積（m²）
21：作業能率定数（m²/日・組）

S ：投入組数（組、1 組 3 人）
※ D（実働日）を算出した結果 $D ≦ 2$ の時は、最低 2 日間を必要日数（先行土間築造日数）とする。$D > 2$ の時は、算出数値とする

石張り仕上げの場合

$$D = \frac{A}{15 \times S \times K_1} \quad \cdots\cdots \quad 式12$$

D ：石張り工事の実働日（日）（土間コンを除く）
　　※最低 2 日とする
A ：舗床面積（m²）
15：作業能率定数（m²/日・組）
S ：投入組数（組、1 組 3 人）
K_1 ：石のサイズによる係数

　　　　ひき石 $t = 30$ ・・・・・・・・・・・・・・・・・・・・ 1
　　　　割り石 $t = 70$ ・・・・・・・・・・・・・・・・・・・・ 0.7
※ D（実働日）を算出した結果 $D ≦ 2$ の時は、最低 2 日間を必要日数（先行舗床造り日数）とする。$D > 2$ の時は、算出数値とする

(10) 機械式駐車機の据付け

駐車機様式	収容能力	実働日数
垂直循環式（タワー式）	32台収容タイプ1基	60日/基　塗装調整を含む
エレベーター式（タワー式）	32台収容タイプ1基	80日/基　塗装調整を含む
地下式	30台収容タイプ1基	70日/基　塗装調整を含む
多段式	昇降または横行式　3段（ピット式） 15〜30台	40日/基　塗装調整を含む
昇降式2段（ピット式）	2〜8台	20日/基　塗装調整を含む
	15〜30台	40日/基　塗装調整を含む
昇降または横行式2段（地上式）	5〜14台	20日/基　塗装調整を含む
	15〜30台	30日/基　塗装調整を含む
簡易昇降2段（地上式）	2〜10台	15日/基　塗装調整を含む
	15〜30台	25日/基　塗装調整を含む

(11) 歩道切下げ復旧工事（切下げ部分1か所につき）

切下げ部分解体・撤去　　1日　　　　歩道復旧　　　　1日　　　計　3日
縁石敷設　　　　　　　　1日

(12) 本設歩道切下げ工事（切下げ部分1か所につき）

歩道カッター入れ，スキ取り，縁石敷設　　1日　　　＊切下げ部分がコンクリートの場合は1週間程度の養生が必
切下げ部分築造　　　　　　　　　　　　　1日　　　　要。アスファルトの場合は翌日から通行可能
計2日

(13) 植栽

客土入れ

$$D = \frac{A}{20 \times S \times K_1} \quad \cdots\cdots \text{式13}$$

D：客土入れの実働日（日）　　　　　　　　　K_1：現場の状況による係数
A：客土の数量（m³）　　　　　　　　　　　　　　　一輪車による投入 ……………… 1
20：作業能率定数（m³/日・組）　　　　　　　　　　ダンプ直接投入（4tダンプ）… 1.7
S：投入組数（組，1組5人）

植栽

$$D = \frac{A}{150 \times S \times K_1} \quad \cdots\cdots \text{式14}$$

D：植栽の実働日（日）　※最低1日とする　　　　中木（高さ1〜2m）……………………… 1
A：植栽の数量（本数または株数）　　　　　　　＊高木の場合は樹種・高さ等により大幅に異なるので造園業
150：作業能率定数（本/日・組）　　　　　　　　　者と打合せのこと
S：投入組数（組，1組5人）　　　　　　　　　　※D（実働日）を算出した結果$D \leq 1$の時は，最低1
K_1：植栽種類による係数　　　　　　　　　　　　日間必要日数（先行植込み穴の掘削）とする。$D > 1$の
　　低木（高さ1mまで）……………… 3.5　　　　時は，算出数値とする

芝張り

$$D = \frac{A}{400 \times S} \quad \cdots\cdots \text{式15}$$

D：芝張りの実働日（日）　　　　　　　　　400：作業能率定数（m²/日・組）
A：芝張りの面積（m²）　　　　　　　　　　S：投入組数（組，1組5人）

竹垣

$$D = \frac{A}{40 \times S \times K_1} \quad \cdots\cdots \text{式 16}$$

D：竹垣掛けの実働日（日）
A：竹垣の延べ長さ（m）
40：作業能率定数（m/日・組）
S：投入組数（組，1 組 5 人）

K_1：種類による係数
　四つ目垣（高さ 1〜1.5 m）………… 1
　建仁寺垣（高さ 1.8 m）………… 0.2

石積み

$$D = \frac{A}{1.2 \times S} \quad \cdots\cdots \text{式 17}$$

D：石積みの実働日（日）
A：石積みの延べ重量（t）
1.2：作業能率定数（t/日・組）
S：投入組数（組，1 組 3 人）

留意事項

境界査定
- 官民，民民の再度の境界確認必要
- 境界杭は工事中動くことを想定し引照点[1]をあらかじめ設置
- 境界確認における関係者の立会いの時間調整に考慮が必要

道路関係工事
- 設備関連（上下水道，ガス，電気，電話など）の引込みの時期調整
- 歩道切下げや歩道舗装などは道路管理者や警察への届出や立会い必要
- 年末や特別行事の場合，道路使用許可が取れないケースがあるので注意

製作物の納期
- 屋外看板やサイン工事，確認申請書の提出を確認。特殊製作物は納期を考慮して早めの打合せ

舗装工事
- 軟弱な地盤は地盤改良を考慮
- 路盤作成時の途中，降雨の際は無理に続行しないことが大切

植栽
- 樹種によりその最適時期があるので，監理者と事前に打ち合わせること（表2）

樹　種	植栽の時期	樹木の例
針葉樹	①2月上旬〜4月中旬　最適期は3月中旬〜4月上旬萌芽期　②9月下旬〜10月下旬	アカマツ，クロマツ　カイズカイブキ　イヌマキ
常緑広葉樹	①最適期4月初旬〜4月下旬（萌芽期）　②6月中旬〜7月下旬の梅雨期	イヌツゲ，コブシ　ヤマモモ，ツツジ類　キンモクセイ　クスノキ，アオキ
落葉樹	①最適期3月〜4月上旬（萌芽期）　②10月中旬〜11月中旬（落葉後）	シラカバ，カエデ類　ケヤキ，サルスベリ　アオギリ，イチョウ　ハギ，ユキヤナギ
芝　類	最適期4月上旬〜6月中旬	コウライシバ等
竹類（ササ類含む）	モウソウチク，クマザサは2月下旬〜3月中旬（地下茎の成長が始まる直前）　寒竹は10月上旬	

＊上記時期は東京付近を標準としたもので，東京の3月中旬〜4月下旬は東北地方では1か月，北海道では2か月遅い。また関西地方は1か月，九州地方では1.5か月早い時期に相当する

表2　植栽の時期（東京付近の標準）

注1）引照点：境界杭のポイントとの位置関係がいつでもわかるように別の位置に数点，逃げポイントを取る。その逃げポイントを引照点といい，工事中に動く恐れのない場所を選んで設ける。

工期短縮の手法

竣工間際の工事量減
- ●擁壁や浄化層，機械式駐車ピットなどは本体の基礎工事や地下工事中にラップして施工
- ●本設舗装の路床，路盤を先行し仮設搬入路に利用
- ●ブラケットから足場を受け，その下の外構工事を早期に施工

外部足場の解体順
- ●外構工事の集中している面を早く解体できるよう外壁仕上げ工程を考慮

PCa化
- ●現場打ちコンクリートの擁壁や浄化槽，機械式駐車ピットなどをPCa化

安全のポイント

足場解体中
- ●立入り禁止区域の明示
- ●建物内から外に出る通路の限定
- ●全作業員に「足場解体中」の意識を徹底

安全通路の確保
- ●工事車両搬入路と外構工事の工事範囲が頻繁に変化するので，安全通路に常に注意

車両系建設機械への注意
- ●オペレーターの資格の確認
- ●作業半径内の立入り禁止措置
- ●用途外使用の禁止徹底

第三者傷害に注意
- ●道路や歩道際での工事がふえるので，通行人や通行車両への事故防止を考慮

気のゆるみに注意
- ●足場の解体が終わり高所作業がなくなると，そのぶん気のゆるみにつながるのでとくに注意

検査・引渡し 13

検査と引渡しにかかる日数が工程にどのように影響するか、建物完成後の検査から引渡しまでの期間を、建物の規模や用途によって算定する。また、検査される側と、する側の相互理解により、少しでも早く「引き渡す」ことで、発注者に気持ちよく使用し運営してもらうように、その手続きや書類について解説する。

フロー

で囲まれた作業の所要期間は本項の算定式に含まない。

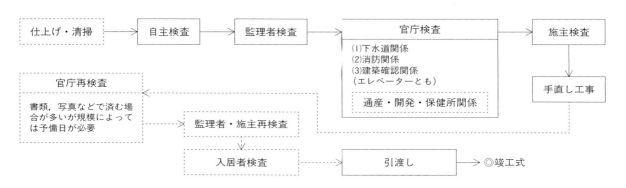

算定式

検査～手直し～引渡し

$$D = 10 \times K_1 \times K_2 + 7 \quad \cdots\cdots \text{式1}$$

D：検査～手直し～引渡しまでの実働日（日）
K_1：施工面積（m²）による係数
K_2：建物用途による係数
10：作業能率定数
7：最低所要日数（日）

＊引渡し図書などの作成は、竣工検査と並行して行うものとする

＊開発行為の検査は、他検査と並行して行うが、式1の算定で1か月以下となった場合でも1か月とする

施工面積	係数
300 m²未満	0.5
300～1,000 m²	0.8
1,000～5,000 m²	1.0
5,000～10,000 m²	1.2
10,000 m²以上	1.3

表1 施工面積（m²）による係数 K_1

建物用途	係数
倉庫（仕上げの少ない建物）等	0.6
鉄骨造乾式仕上げ等	0.8
一般形状の共同住宅	1.0
事務所・複雑形状の共同住宅	1.2
病院・老人ホーム・研究所	1.3
劇場・複合福祉施設等	1.4

表2 建物用途による係数 K_2

留意事項

検査

1) 検査をスムーズに進めるには検査の順序を考慮し、事前に予定を調整すること。また、検査をする相手の都合があるため、予定日に実施するには、早めの検査申込みが必要。一般的な検査の順序を図1に示す。

2) 各官庁検査に合格しても検査済証などのおりる期間が必要。一般的な日程の目安を表3に示す。

3) 特定工程の指定により中間検査（1～2日/回）が数

回あるが，それぞれに合格しないと関連する次工程に着手できないので注意が必要である．また，水平・垂直の防火区画を貫通する配管周囲のコンクリート詰めや，防火ダンパーなど天井張りの仕上げ工事などによって隠蔽され，後日確認検査が不可能な箇所は，あらかじめ消防の中間検査を受けることが重要である．後日，写真の提出でよい場合も含めて，中間検査といえども，検査済証，指摘事項の処理完成確認証を受領すること．消防検査の日程，指摘事項の手直し検査まで，後工程の仕上げ工事が着手できないので工程に与える影響は大きい．

4) 消防検査は，消防設備を実際にすべて作動させるため，規模が大きい場合，検査日だけで2～3日かかるので注意する．
5) 消防設備によっては，作動データを設置届に添付するため，器具取付け・受電後1～2週間必要となる．
6) 都市計画法第29，第30条に基づく「開発行為等の許可」「許可申請等」をされた建物は，その届出どおりに土地の区画形質の変更（一定規模以上の盛土，切土などを含む）を行い，必ず開発行為の検査を受けて検査済証を受理することが必要である．この開発行為の「検査」は，規模，項目，周囲への影響度が大きいため，かなりの日数を必要とするので余裕をもって手続きすること．
7) 都道府県の条例で指示されている，建築材料の品質・強度試験報告書などの審査は，竣工検査において，審査済証の提出を要求される．不足分については，改めて品質・強度試験をし，審査を受けなければならないため，かなりの時間がかかるので落としのないように，関係官庁に確かめて，そのつど検査する日程を品質管理計画書に記載し，実施フォローすること．
8) 各検査は特別な場合を除いて半日～1日で完了するが，検査は相手の日程の都合もある．監理者，施主の協力により調整できる場合もあるが，諸官庁ではかなり前から審査申込みが必要で，再検査を実際に行う場合の日程調整もある．とくに，年末年始や年度末では，再検査の日程がつかない場合があるので注意する．いずれにしても検査前に工事を完了しておくことが必要である．
9) 分譲共同住宅では，入居者検査（内覧会等）を実施し，工期に含ませる場合がある．また，検査日を土曜，日曜，祝日のみで実施したり，戸数によっては，かなり日数がかかるので注意する．一般的には，1か月前後必要となる．
10) 各検査には，隠蔽部，手順などを証明する写真が必

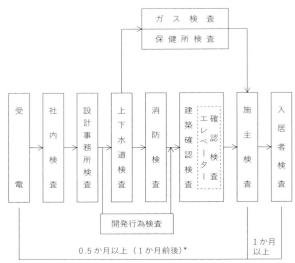

図1　一般的な検査順序

検査項目	検査申込み	検査日数 (規模・建物 用途による)	検査済証の 発行期間	備考
受電検査（通産） （一般）	2～3か月前 1か月前	1日 1～3日	当日 当日	主任技術者の承 諾検査済証なし
消防検査	1～2週間前	1～2日	3～4日	
建築検査	1～2週間前	1～2日	3～4日	消防検査済証の 写しが検査済証 発行に必要
上下水道検査	2～3か月前	1日	1週間以内	
ガス管検査	1週間前	1日	当日	封印はずし（検 査済証等なし）
保健所	1週間前	1日	10日	
エレベーター検査	1～2週間前	1日	1週間以内	
社内検査	1～2週間前	1～2日	―	
設計事務所検査	1～2週間前	1～2日	―	
施主検査	1～2週間前	1～2日		施主によっては 日数をかけるの で注意
入居者検査	―	2～6日		手直しを含めて 1か月以上必要

表3　検査日程の目安

要となる．撮影項目，部位，日時，内容などを明らかにして，工事経過，使用材料，品質管理の確認，維持保全の資料として使用できる工事写真が必要である．

引渡し

1) 引渡し日には，竣工図書と鍵などの物品を渡すと同時に，建築主に取扱い説明などが行われるが，事前の準備が必要である．とくに，竣工図書の作成に期間がかかるので早めに作成に着手すること．表4に一般的な引渡し図書の名称と内容を示す．

2) 建築主は，引渡し事務を終了してから「所有権の保存登記」を必ず行い自分の財産を確保する．工程には影響しないが知っておく必要がある．

	名　　　　称	内　　　　容
1	竣工届	竣工したことを報告する書面
2	引渡し図書目録	引渡し図書の目録
3	建物引渡し書	建物を引き渡したことを通知する書面
4	建物受領書	建物を受け取ったことを証明する書面
5	竣工図書引渡し書	竣工図書を引き渡したことを通知する書面
6	竣工図書受領書	竣工図書を受け取ったことを証明する書面
7	引渡し時メーター確認書	上下水道，ガス，電気等の本設分の引渡し前までの精算を行うためのメーター確認書
8	鍵引渡し書	鍵を引き渡したことを通知する書面
9	鍵リスト	鍵のナンバー，使用されている室名，数等をリストにしたもの
10	鍵受領書	鍵を受け取ったことを証明する書面
11	官公庁関係書類引渡し等	官公庁関係書類を引き渡したことを通知する書面
12	官公庁関係書類一覧表	書類名，官公庁名，許可日，許可番号等をリストにしたもの
13	官公庁関係書類受領書	官公庁関係書類を受に取ったことを証明する書面
14	備品等引渡し書	備品・予備品を引き渡したことを通知する書面
15	備品等一覧表	備品・予備品名，仕様・規格，数量等をリストにしたもの
16	備品等受領書	備品・予備品を受け取ったことを証明する書面
17	保守および緊急連絡先一覧表	保守に関する区分とその会社名，部門，担当者名，電話番号をリストにしたもの
18	使用協力業者一覧表	使用業者の工種，会社名，所在地，担当者名，電話番号をリストにしたもの
19	使用資材業者一覧表	使用資材の工種，仕様，製造者，代理店，担当者名，電話番号をリストにしたもの
20	外部仕上げ一覧表	場所別に品名，製造者，仕様，規格等をリストにしたもの
21	内部仕上げ一覧表	階数，室名別に床，幅木，腰，壁，天井の仕様，規格等をリストにしたもの
22	保証書	責任施工にかかる保証を報告する書面
23	保証書一覧	保証書名，施工業者，保証業者，部数，保証期間等をリストにしたもの
24	アフターサービス保証書	アフターサービスの窓口の設置を報告する書面
25	取扱い説明書一覧表	取扱い説明書と部数等をリストにしたもの
26	検査試験成績書	検査試験成績を報告する書面
27	検査試験検査成績書一覧表	検査試験検査成績書とその内容をリストにしたもの
28	設備機器完成図一覧表	設備機器完成図名称と添付書類をリストにしたもの
29	機器類操作点検等取扱い確認書	機器別の名称，検査日付，請負者，施工者，製造者，管理者等をリストにしたもの
30	竣工検査是正処理書	竣工検査の内容と，その是正処理の確認を表すもの
31	建物の点検と手入れ	点検と手入れの方法を示した，維持管理のための説明書
32	竣工写真	外観，内観の写真をアルバムにセットしたもの

注1） NO.4，6，10，13，16は建築主に捺印してもらい施工者が受領するため，2部作成する
注2） NO.3，5，7，8，11，22，24，26の書面には施工者側が捺印する
注3） NO.9，12，15，23，25，27，28はリスト，一覧表の項目の実物を同時に渡すので用意する

表4　竣工図書と内容

a．所有権の移転登記上の必要書類など（建物の新築の場合で取壊し建物がない場合）
  ①建築主本人の住民票抄本
  ②委任状，または印鑑
  ③建築確認通知書
  ④建築検査済証
  ⑤工事請負契約書，または工事代金領収書
  ⑥固定資産評価証明書
  ⑦登記免許税の減額証明書
  ⑧登記免許税など
  上記の③〜⑤の書類については，工事請負人側から受理する書類である。
b．工事請負人側から建築主に対して次の三つの書類を発行，提出しなければ，建築主は勝手に「所有権の移転登記」はできない。
  ①工事完了引渡し証
  ②印鑑証明書
  ③資格証明書（施工者が法人の場合のみ）
c．建物を取り壊した場合は，「建物の滅失登記」の必要書類を併せて提出することになる。その際の必要書類は，下に記述する。
  ①建物の権利証
  ②印鑑証明書
  ③委任状，または実印
  ④住民票抄本（権利証の持ち主の住所と印鑑証明書の住所が相違している場合のみ）
d．解体工事の請負人側から建築主に対して次の三つの書類を発行，提出する。
  ①建物取壊し完了証明書
  ②印鑑証明書
  ③資格証明書（施工者が法人の場合のみ）

　これらの手続きを通して，発注者側（建築主）の建物引渡し後の事務処理が理解できたと思う。そのほかに，建築基準法第8条第2項の「建築物の維持保全計画書の作成」，建設省告示第606号の「建築物の維持保全に関する準則又は計画の作成に関し必要な指針を定める件」に関連し，直ちに「維持保全計画書」を作成しなければならない。この件では，設計者，場合によっては施工者側の協力が必要と思われる。具体的には，正確な施工図の整備，設備機器の修繕・点検計画の提示などがあるので，引渡し時に，その旨の確認が必要である。

3)「建設工事に係る資材の再資源化等に関する法律」等に伴う再資源化等の完了の確認および発注者への報告を法令に従って引渡し前に実施する。

安全のポイント

検査時の安全施設の設置と使用
　検査時には足場，養生などの安全施設がないことが多いため，検査箇所によっては安全施設の設置，安全帯の着用と使用。

マンホールなどへの墜落・落下防止措置
　検査のため，マンホールやピットの出入り口など床が開放している場合が多いので，バリケードなどによる災害防止措置を行う。

手直し工事の安全措置
　検査によって出た手直し工事は，施工量は少ないが各工事を行うことから，各工事の安全対策・施設・養生など考慮のうえ作業を進める。とくに，有機溶剤および酸欠に対する換気，給気などの安全措置を行う。

可燃物近くでの溶接・溶断作業の禁止
　手直し作業では，仕上げ材など可燃物が多く溶接などの火花は火災の原因となるため，適切な養生と管理が必要。特にウレタン類は爆燃により，広範囲にわたり燃焼し，有毒ガスが発生することから十分な注意が必要である。

第 3 章

歩掛りによる
モデル建物の
工程算定

1 モデル建物概要

設計図

地下1階平面図

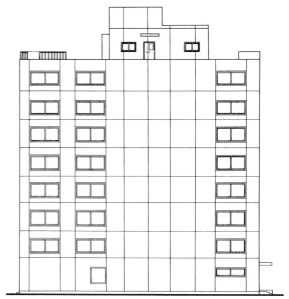

配置図・1階平面図 1/500

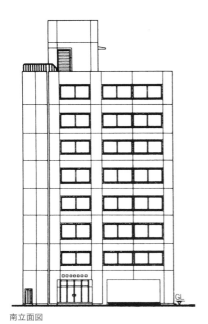

南立面図

東立面図

2階平面図

3〜8階平面図

屋上階・塔屋I階平面図

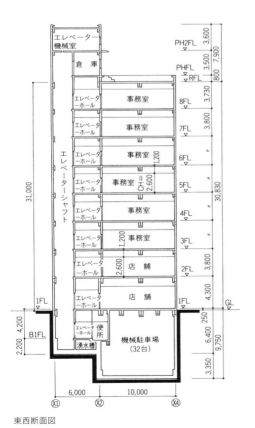
東西断面図

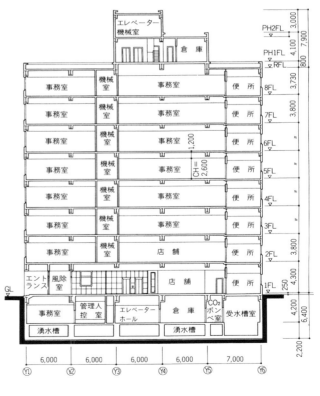
南北断面図

工事・設備・面積概要

建物工事

工事名称……○○ビル新築工事
工期…………20XX年5月8日～20ZZ年3月7日（延べ22.2月）
主要用途……店舗，事務所
地区地域……商業地域，防火地域，容積率700％
敷地面積……647.45 m^2（196.19坪）
建築面積……519.280 m^2（157.357坪）
施工面積……5,227.77 m^2
階数…………地下1階，地上8階，塔屋2階
高さ…………軒高：31.08 m，最高高さ：38.98 m
根切り深さ……GL－9.75 m

構造…………杭：アースドリル杭，アースドリル拡底杭
　　　　　　　　支持層　GL－20.00 m
　　　　　　地下躯体：鉄骨鉄筋コンクリート造
　　　　　　地上躯体：鉄骨鉄筋コンクリート造
仕上げ概要……屋根：アスファルト防水，シンダーコンクリート
　　　　　　　外壁：複層仕上げ塗材仕上げ，内壁：PB厚12
　　　　　　　　塗装仕上げ
　　　　　　　床：タイルカーペット，天井：岩綿吸音板厚15

外部仕上げ工事

屋根（屋上）…コンクリート金ごて押え，アスファルト防水
　　（塔屋）…同上
パラペット笠木…外壁オムニア板部分：アルミ既製品
　　　　　外壁石張り部分：　花崗岩本磨き
　　　　　塔屋：　　　　　　アルミ既製品
外壁…南，北側：オムニア板厚75，小口二丁掛磁器タイル打
　　　　　込み
　　　東西側：オムニア板厚75，複層仕上げ塗材仕上げ
　　　南側：1階部分花崗岩，平板張り，ジェットバーナー仕
　　　　　上げ，ボーダー腰：花崗岩（平板張り）本磨き
　　　外部階段南側1階部分：花崗岩（平板張り）本磨き
1階エントランス…床：アスファルト防水，コンクリート押
　　　　　え，花崗岩張り
　　　　　壁：花崗岩本磨き

軒天：アルミスパンドレル，化粧照明器
　　　具天井（埋込み型）
北側店舗入口：ガラススクリーン（ステ
　　　ンレス鏡面枠）
1階車路，駐車場…床：アスファルト防水，コンクリート金
　　　ごて押え，カラーコート
　　　壁：小口二丁掛タイル
　　　軒天：硅酸カルシウム板張り，AEP
植栽…北側：コンクリート打放し，ツツジ，サツキ12本/
　　　　m^2，高木シラカシ3本
屋外階段…南面のみコンクリート下地花崗岩張り
　　　鉄骨造，外壁：アスロック，複層仕上げ塗材仕上げ
　　　階段：踏面／モルタル金ごて，蹴込み／鉄板OP
　　　手摺り：ステンレスHL

設備工事

衛生設備…給水設備，給湯設備，排水通気設備，衛生器具設
　　　　　備，消火設備，ガス設備
空調設備…空調機器設備（ヒートポンプパッケージ），配管
　　　　　設備，ダクト設備，換気設備，機械排煙設備
電気設備…受変電設備，発電機設備，幹線設備，動力設備，
　　　　　電灯コンセント設備，照明器具設備，電話設備，

拡声装置設備，テレビ共同受信設備，防犯警報設
備，自動火災報知設備，煙感連動制御設備，避雷
設備，駐車場管制設備，運搬機械設備（乗用11
人乗り105 m/分（2基）），機械式駐車設備（箱型
循環式3層32台）

面積

建蔽率限度：80％（耐火100％）（647.45×100％＝647.45 m^2）
容積率限度：700％（647.45×700％＝4,532.15 m^2）
建築面積（A）：519.28 m^2（申請部分）
施工面積（B）：5,227.77 m^2
（うち駐車場施設床面積：909.7 m^2）
容積対象面積（C）：5,227.77－909.7＝4,318.07 m^2
建蔽率（A/敷地面積）＝519.28÷647.45＝80.2％
容積率（C/敷地面積）＝4,318.08÷647.45＝666.94％

階	うち駐車場面積	施工面積
PH 2		40.62
PH 1		78.12
8		516.88
7		516.88
6		516.88
5		516.88
4		516.88
3		516.88
2		488.27
1	(82.0)	459.28
B 1	(827.7)	1,060.20
	909.7	5,227.77

2 モデル建物の工事別工程算定

1 準備工事 (30〜31頁参照)

1) 施工面積　5,228 m² より　　　　　　37日
　　建設工事計画届の作成は準備工事着手前より実施
2) 沿道掘削および自費工事
　　地方道につき（平均）　　　　　　　35日

3) 納入材の手配
　　山留めH形鋼（在庫あり）　　　　　　3日
　　∴ 準備工事所要日数は　　　　　　　37日（暦日）

2 解体工事 (モデル建物は新築工事のため, 算定しない)

3 山留め工事 (34〜35頁参照)

仕様
親杭：$L = 13.0$ m…32本（プレボーリング工法）
支持杭：$L = 14.0$ m…4本（プレボーリング工法）
構台杭：$L = 16.0$ m…10本（プレボーリング工法）
SMW柱列壁：深さ15.0 m, 周囲…101 m

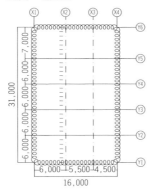

杭伏図　　　　　　　　　　　地質柱状図

SMW柱列壁の工程算定
　　$A = 15$ m $\times$ 101 m $= 1,458$ m²
　　$K_2 = 1.0$（敷地面積 600 m² 以上）
　　$K_3 = (7 \times 1.1 + 8 \times 0.9)/15 = 0.99$
　　　粘性土 $N = 0 \sim 2$, 7 m より $K_3 = 1.1$
　　　〃　　$N = 10 \sim 35$, 8 m より $K_3 = 0.9$

$S = 1$ 台
$$D = \frac{A}{K_2 \times K_3 \times S \times 100} + 6$$
$$= \frac{1,458}{1.0 \times 0.99 \times 1 \times 100} + 6 = 21.3 \rightarrow 22\text{日}$$

親杭, 構台杭, 支持杭の工程算定
　　$\Sigma(L \times N) = 13 \times 32 + 14 \times 4 + 16 \times 10 = 632$ m
　　$K_1 = 1.0$（大型）
　　$K_2 = 1.0$（敷地面積 200 m² 以上）
　　$K_3 = 0.99$（「SMW柱列壁の工程算定」より）
　　$K_4 = 1.0$（プレボーリング工法）

$S = 1$ 台
$$D = \frac{\Sigma(L \times N)}{K_1 \times K_2 \times K_3 \times K_4 \times S \times 120} + 2$$
$$= \frac{632}{1.0 \times 1.0 \times 0.99 \times 1.0 \times 1 \times 120} + 2 = 7.3$$
$$\rightarrow 8\text{日}$$

4 杭打ち工事 (36〜39頁参照)

仕様・条件

　種別：場所打コンクリート杭（アースドリル拡底杭）
　杭先端：GL−20 m
　杭径・本数：1,700 φ（2,000 φ）　11 本
　　　　　　　1,700 φ（2,400 φ）　 4 本
　　　　　　　1,700 φ（2,600 φ）　 4 本
＊拡底杭の孔壁のUTによる検査は各径別に最低1本行うこと
　施工条件：大型車使用可，作業時間は通常どおり．

工程算定

（杭打設までの日程算定）

$$D = \frac{L \times N}{S \times K_1 \times (150/\phi)^2 \times K_2 \times 32} + T$$

$$= \frac{20 \times 19}{1 \times 0.85 \times (150/170)^2 \times 1.0 \times 32} + 4$$

$$= 21.94 \rightarrow 22\,日（実働）$$

$S = 1$　（36頁　＊機械のセット数）
$K_1 = 0.85$　（36頁表1：アースドリル拡底杭）
$K_2 = 1.0$　（37頁表2：土の性状による作業能率係数）
＊土の性状については砂質土主体のN値4〜10を採用

（杭頭処理の日程算定）（通常工法）

$$D = \frac{処理量\ V}{5 \times 班} = \frac{0.85 \times 0.85 \times 3.14 \times 0.8 \times 19}{5 \times 2}$$

$$= 3.45 \rightarrow 4\,日$$

5-1 土工事——根切り (40頁参照)

数量

このモデルでは地階の余掘りがないという条件で算定する．

根切り次数	根切り深さ (m)	切梁位置 (m)	面積 (m²)	厚さ (m)	根切り土量 (m³)	土質
1次根切り	GL-3.5	GL-2.5	520	3.5	1,820	埋土
2次根切り	GL-9.75	——	330	6.25	2,600	シルト

＊その他：構台面積 = 178 m²（垂直ブレース1段），
　　　　　切梁面積 = 520 m²（1段）
　　　　　SMW面ケレン面積 = 790 m²　床付け面積 = 330 m²

1次根切り工程算定

$V = 1,820$（根切り土量）（m³）
$S = 1$　（根切り面積＜1,000 m²）
$K_1 = 1.65$　（41頁表1：1次根切り）
$K_2 = 1.0$　（41頁表2：普通の根切り）
　式1より

$$D = \frac{V}{S \times K_1 \times K_2 \times 165} = \frac{1,820}{1 \times 1.65 \times 1.0 \times 165}$$

$$= 6.7 \rightarrow 7\,日$$

2次根切り工程算定

$V = 2,600$（根切り土量）（m³）
$S = 1$　（根切り面積＜1,000 m²）
$K_1 = 1.50$　（41頁表1：2次根切り）
$K_2 = 0.65$　（41頁表2：軟弱なシルト）
　式1より

$$D = \frac{V}{S \times K_1 \times K_2 \times 165}$$

$$= \frac{2,600}{1.0 \times 1.50 \times 0.65 \times 165} = 16.2 \rightarrow 16\,日$$

5-2 土工事——構台作業 (42頁参照)

数量

　構台面積 = 178 m²（垂直ブレース1段）：切梁あり

乗入れ構台架設工程算定

$A = 178\,m^2$　……　式1より

$$D_1 = \frac{A}{70} = \frac{178}{70} = 2.5 \rightarrow 3\,日$$

乗入れ構台解体工程算定

式2より

$$D_2 = D_1 \times 0.5 = 3 \times 0.5 = 1.5 \rightarrow 2\,日$$

5-3 土工事──切梁架設作業（43頁参照）

数量
　切梁面積 = 520 m² （1段）

切梁支保工架設工程算定
　　$A = 520$
　　$R = 160$ （43頁表1）
　　式1より
　　$$D_1 = \frac{A}{R} + 1 = \frac{520}{160} + 1 = 4.3 \rightarrow 4日$$

切梁支保工解体工程算定
　　$A = 520$
　　$R = 300$ （43頁表1）
　　式2より
　　$$D_2 = \frac{A}{R} = \frac{520}{300} = 1.7 \rightarrow 2日$$

5-4 土工事──床付け・砕石・捨コン地業（44頁参照）

数量
　床付け面積 = 330 m²

床付け・砕石・捨コン地業工程算定
　　$A = 330$ …… 式1より
　　$$D = \frac{A}{1,500} + 4.0 = \frac{330}{1,500} + 4.0 = 4.2 \rightarrow 4日$$

6 基礎躯体工事（45～47頁参照）

仕様
　地下階建築面積　：約 520 m²
　工区分割数　　　：この規模では施工工区を分割する必要はなく、1工区で施工できる
　基礎形式　　　　：二重ピットあり

工程算定例
　建物構造主体歩掛り概数（129頁）を参考に施工部位を勘案して数量を概算
　　鉄筋　0.095 t/m² × 520 m² = 49.4 → $S = 50$ t
　　型枠　2.5 m²/m² × 520 m² = 1,300
　　　　→ $F = 1,300$ m²
　鉄筋工、型枠工の投入人員を設定する
　　鉄筋工　520 m² ÷ 70 m²/人 = 7.4 → $W_s = 7$ 人
　　型枠工　520 m² ÷ 50 m²/人 = 10.4
　　　　→ $W_f = 10$ 人
　基礎躯体工事の算定式「二重ピットあり」より
　　鉄筋工事所要日数 $D_1 = S/(1.5 \times W_s)$
　　　　　　　　　 $= 50/(1.5 \times 7) = 4.8 \rightarrow 5日$
　　型枠工事所要日数 $D_2 = F/(12 \times W_f) + D_s$
　　　　　　　　　 $= 1,300/(12 \times 10) + 3$
　　　　　　　　　 $= 13.8 \rightarrow 14日$
　　$D_s = 3$ 日（検査所要日数（500 m² 超））
　　基礎躯体工事所要日数 $D = D_1 + D_2 + L + C$
　　　　　　　　　　　 $= 5 + 14 + 2 + 2$
　　　　　　　　　　　 $= 23 \rightarrow 23日$
　　ただし　$L = 2$ 日（500 m² 超）
　　　　　$C = 2$ 日

7 地下躯体工事（48～49頁参照）

仕様
　地下階建築面積　：約 520 m²
　工区分割数　　　：この規模では施工工区を分割する必要はなく、1工区で施工できる
　構造種別　　　　：RC造
　階高　　　　　　：4.2 m

工程算定例
　型枠数量と型枠工投入人員を概算する
　　型枠数量　3.3 m²/m² × 520 m² = 1,716
　　　　→ $F = 1,720$ m²
　　型枠工　520 m² ÷ 50 m²/人 = 10.4 → $W = 10$ 人
　地下躯体工事の算定式（49頁）より
　　地下躯体工事所要日数 $D = F/(12 \times K \times W)$
　　　　　　　　　　　 $= 1,720/(12 \times 0.8 \times 10)$

$= 17.9 \rightarrow 18\text{日}$　　　　　　　　　ただし　$K = 0.8$（階高 4.2 m）

8 鉄骨工事 (50～52頁参照)

仕様

建方数量：約 460 t
建築面積：約 520 m²
建方計画：1 階より上部に鉄骨工事があり，50 t ラフテレーンクレーン 1 台で奥より建逃げ方式で全数を施工する。

工程算定例

式2より

$$D_1 = \frac{460}{30 \times 1 \times 1 \times 0.8} + 2 = 21.2 \rightarrow 21\text{日}$$

式3より

$$D_2 = 21 \times 1.5 = 31.5 \rightarrow 32\text{日}$$

式4より

$$D_3 = \frac{21}{1.8} = 11.7 \rightarrow 12\text{日}$$

よって式1より

$$D = 21 + 32 - 12 = 41\text{日}$$

9 地上躯体工事 (53～55頁参照)

仕様

　地上階建築面積：約 520 m²
　工区分割数　　：この規模では施工工区を分割する必要はなく，1 工区で施工できる。
　構造種別　　　：鉄骨鉄筋コンクリート造
　モデル建物は鉄骨鉄筋コンクリート造であるから，右の算定グラフを使用する。
　階高：3.8 m

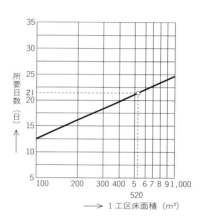

→ 1 工区床面積 (m²)

工程算定例

　算定グラフより，1 工区 1 フロア当たりの所要日数は実働 21 日間となる。

10 内部仕上げ工事 (56～63頁参照)

基準階立上りコンクリート養生期間

　材齢が 28 日における試験結果が設計基準強度以上であれば合格であり，支保工を取り外すことができる。
＊コンクリート養生期間は，暦日で 28 日間とする

(1) 型枠解体・片付け

　型枠解体（片付けとも）の投入工数決定について，梁下，スラブ型枠の場合 50 m²/人程度とする。
　A：解体型枠面積 = 517 m²（スラブ下，梁下のみ）
　　　　　　　　　× 3.3 m²/m² = 1,706 m²
　S：投入人員 = 517 m² ÷ 50 m² ≒ 10.3 人 → 10 人
　K：部位別係数 = 1.5

式1より

$$D = \frac{A}{30 \times S \times K} = \frac{1,706}{30 \times 10 \times 1.5}$$
$$= 3.79 \rightarrow 4\text{日}$$

＊側板を含めた型枠面積はスラブ下・梁下面積×3.3 とした

D：型枠解体（片付けとも）実働日（日）
A：解体型枠面積（m²）
30：作業能率定数（m²/日・人）
S：投入人員（人）
K：部位別係数

＊作業歩掛りは平均解体型枠面積25〜35 m²/日・人から30 m²/日・人を採用

解体型枠部位	係数
梁下・スラブ型枠部分	1.5
基礎・梁側・柱壁型枠部分	1.0

表1　部位別係数 K

(2) 仕上げ墨出し

517 m² なので，2人を投入
K：部位別係数 = 1.3
式2より

$$D = \frac{A}{200 \times S \times K} = \frac{517}{200 \times 2 \times 1.0}$$

$$= 1.3 \rightarrow 1 日$$

D：仕上げ墨出し面積の実働日（日）
A：墨出し面積（m²）
200：作業能率定数（m²/日・人）
S：投入人員（人）

墨出し程度	係数
親墨，通り芯，陸墨程度	1.0
タイル，石割り，建具詳細	0.6

表2　部位別係数 K

K：部位別係数

＊Sの投入人員の目安として，床面積250〜400 m²に1人ぐらい，通常は2人の作業となるので，500〜800 m²/組とする
＊作業歩掛りは平均仕上げ墨出し面積150〜300 m²/日・人から300 m²/日・人を採用

(3) 天井足場架設

A：内部足場架設面積 = 480 m²
S：投入工数 = 1組
K：足場の天端高さ別係数 = 1.5
Z：足場の種類別係数 = 1.2
式3より

$$D = \frac{A}{150 \times S \times K \times Z}$$

$$= \frac{480}{150 \times 1 \times 1.5 \times 1.2}$$

$$= 1.8 \rightarrow 2 日$$

D：内部足場架設面積の実働日（日）
A：内部足場架設面積（解体別）（m²）
150：作業能率定数（m²/日・組）
S：投入組数（組）
K：足場の天端高さ別係数
Z：足場の種類別係数（2 m以上は作業床べた張り）

＊Sの投入組数の目安として，床面積250〜400 m²に1組ぐ

足場の天端高さ	係数
500 mm ≦ H < 2,000 mm	1.5
2,000 mm ≦ H < 3,700 mm	1.0

表3　足場の天端高さ別係数 K

足場の種類	係数
脚立足場　900 mm程度	1.5
脚立足場　1,900 mm程度	1.2
枠組足場　1段程度	1.1
枠組＋単管足場≧2,000 mm	1.0

表4　足場の種類別係数 Z

らい，1組の構成として鳶職2人，手元1人程度，2,000 mm以下の足場なら専門工事業者（仕上げ職人）の自主架設で十分である

＊作業歩掛りは平均内部足場架設面積130〜180 m²/日・組から150 m²/日・組を採用

(4) 設備配管工事

A：室内面積 = 480 m²
K：室用途別係数 = 0.6
Z：設備配管径による係数 = 1.3
S：投入組数 = 3組

式4（58頁）より

$$D = \frac{1}{40 \times S} \times A \times K \times Z$$

$$= \frac{1}{40 \times 3} \times 480 \times 0.6 \times 1.3$$

$$= 3.12 \rightarrow 3 日$$

D：設備配管工事実働日（日）
A：室内面積（m^2）
K：室用途別係数
Z：設備配管径による係数（平均的な仕様径）
40：作業能率定数（m^2/日・組）
S：投入組数（組）

室　用　途	係　数
便所・厨房・PS・機械室	1.2
病室・寮・住宅食堂程度	0.8
一般事務室・会議室程度	0.6
倉庫・体育館・ホール程度	0.4

表5　室用途別係数 K

設　備　配　管　径	係　数
$20 \leq \phi < 50$	2.5
$50 \leq \phi < 100$	2.0
$100 \leq \phi < 250$	1.3
$250 \leq \phi$	1.0

表6　配管径による係数 Z

＊S の投入工数の目安として，床面積250～400 m^2 に2組ぐらい，1組の構成として配管工2人，手元1人
＊作業歩掛りは平均配管取付け30～55 m/日・組から40 m/日・組を採用

(5) 軽量鉄骨天井下地

A：室内面積 = 480 m^2
S：投入人員 = 4人
K：難易度係数 = 1.0
式5より

$$D = \frac{1}{35 \times S} \times A \times K$$

$$= \frac{1}{35 \times 4} \times 480 \times 1.0$$

$$= 3.4 \rightarrow 4 日$$

D：軽量鉄骨天井下地実働日（日）
A：室内面積（m^2）
35：作業能率定数（m^2/日・人）
S：投入人員（人）

難　易　度	係　数
下がり壁・カーテンボックス	1.8
懐の高さ $\geq H = 1,500$ mm	1.2
一般部・フラット面	1.0

表7　難易度係数 K

K：難易度係数
＊作業歩掛りは平均組立て25～40 m^2/日・人から35 m^2/日・人を採用

(6) 壁軽量鉄骨間仕切り

A：壁軽量鉄骨間仕切り面積 = 22 m^2
S：投入人員 = 2人
K：スタッド高さによる係数 = 1.0
式6より

$$D = \frac{1}{25 \times S} \times A \times K$$

$$= \frac{22 \times 1.0}{25 \times 2} = 0.4 \rightarrow 1 日$$

D：壁軽量鉄骨間仕切り実働日（日）
A：壁軽量鉄骨間仕切り面積（m^2）
K：スタッド高さによる係数
25：作業能率定数（m^2/日・人）
S：投入人員（人）

スタッド高さによる	係　数
4,000 mm $< H$	1.8
3,700 mm $< H \leq$ 4,000 mm	1.5
$H \leq$ 3,700 mm	1.0

表8　スタッド高さによる係数 K

＊作業歩掛りは平均組立て20～35 m^2/日・人から25 m^2/日・人を採用

(7) 天井プラスターボード下地張り（プラスターボード厚 12 mm）

A：下地の天井面積 $= 480\ \mathrm{m}^2$
S：投入人員 $= 4$ 人
K：難易度係数 $= 1.0$
式7より

$$D = \frac{1}{20 \times S} \times A \times K$$

$$= \frac{480 \times 1.0}{20 \times 4} = 6.0 \ \rightarrow \ 6\ 日$$

D：天井下地張り実働日（日）
A：下地の天井面積（m^2）
K：難易度係数
20：作業能率定数（$\mathrm{m}^2/$日・人）

難易度	係数
段差が多い・斜め・曲線	1.2
一般部・フラット	1.0

表9 難易度係数 K

S：投入人員（人）
＊作業歩掛りは平均下地張り（PB厚 12 mm）16～25 $\mathrm{m}^2/$日・人から 20 $\mathrm{m}^2/$日・人を採用

(8) 照明器具欠込み補強

N：照明器具欠込み個数 $= 36$ 個
S：投入組数 $= 1$ 組
K：難易度係数 $= 1.0$
式8より

$$D = \frac{1}{18 \times S} \times N \times K = \frac{36 \times 1.0}{18 \times 1}$$

$$= 2\ 日$$

D：照明用軽量鉄骨天井下地補強日数（日）
N：設備照明器具個数（個）
K：難易度係数

難易度	係数
段差がある・多角形形状など	1.3
通常蛍光灯・一般照明器具	1.0

表10 難易度係数 K

18：作業能率定数（個/日・組）
S：投入組数（組）
＊作業歩掛りは平均下地鉄骨補強 15～21 個/日・組から 18 個/日・組を採用

(9) 天井岩綿吸音板張り

A：天井施工面積 $= 480\ \mathrm{m}^2$
S：投入人員 $= 4$ 人
K：難易度係数 $= 1.0$
式9より

$$D = \frac{1}{25 \times S} \times A \times K = \frac{480 \times 1.0}{25 \times 4}$$

$$= 4.8 \ \rightarrow \ 5\ 日$$

D：天井岩綿吸音板張り実働日（日）
A：天井施工面積（m^2）
K：難易度係数
25：作業能率定数（$\mathrm{m}^2/$日・人）

難易度	係数
段差が多い・斜め・曲線	1.1
一般部・フラット	1.0

表11 難易度係数 K

S：投入人員（人）
＊作業歩掛りは平均天井岩綿吸音板張り 22～35 $\mathrm{m}^2/$日・人から 25 $\mathrm{m}^2/$日・人を採用

(10) 天井足場解体・片付け

A：内部天井足場解体面積 $= 480\ \mathrm{m}^2$
S：投入組数 $= 1$ 組
K：足場の天端高さによる係数 $= 1.5$
Z：足場の種類別係数 $= 1.5$
式10より

足場の天端高さ	係数
500 mm $\leq H <$ 2,000 mm	1.5
2,000 mm $\leq H <$ 3,700 mm	1.0

表12 足場の高さによる係数 K

$$D = \frac{A}{350 \times S \times K \times Z}$$

$$= \frac{480}{350 \times 1 \times 1.5 \times 1.5}$$

$$= 0.6 \rightarrow 1\,日$$

D：内部天井足場解体面積の実働日（日）
A：内部天井足場解体面積（m²）
350：作業能率定数（m²/日・組）
S：投入組数（組）
K：足場の天端高さ別係数
Z：足場の種類別係数（2 m 以上は作業床べた張り）

足 場 の 種 類	係 数
脚立足場　900 mm 程度	1.5
脚立足場 1,900 mm 程度	1.2
枠組足場 1 段程度	1.1
枠組＋単管足場≧2,000 mm	1.0

表 13　足場種類別係数 Z

＊ S の投入組数の目安として，床面積 250～400 m² に 1 組ぐらい，1 組の構成として鳶職 2 人，手元 1 人程度，2,000 mm 以下の足場なら専門工事業者（仕上げ職人）の自主架設で十分である
＊作業歩掛りは平均内部天井足場解体面積 280～380 m²/日・組から 350 m²/日・組を採用

(11) サッシ額縁取付け

L：額縁周長 ＝ 110 m
S：投入人員 ＝ 4 人
K：難易度係数 ＝ 1.0
式 11 より

$$D = \frac{1}{23 \times S} \times L \times K = \frac{110 \times 1.0}{23 \times 4}$$

$$= 1.2 \rightarrow 2\,日$$

D：額縁取付け実働日（日）

L：額縁周長（m）
K：難易度係数　1.0, 1.1, 1.2, 1.3, 1.4, 1.5
23：作業能率定数（m/日・人）
S：投入人員（人）

＊難易度係数 K は任意に指定する
＊作業歩掛りは平均取付け周長 18～28 m/日・人から 23 m/日・人を採用

(12) 壁プラスターボード張り（GL 工法）

A：壁プラスターボード GL 工法張り面積 ＝ 193 m²
S：投入人員 ＝ 2 人
K：難易度係数 ＝ 1.2
式 12 より

$$D = \frac{1}{30 \times S} \times A \times K = \frac{193 \times 1.2}{30 \times 2}$$

$$= 3.9 \rightarrow 4\,日$$

D：プラスターボード張り実働日（日）
A：壁プラスターボード GL 工法張り面積（m²）
K：難易度係数
30：作業能率定数（m²/日・人）

難　易　度	係　数
3,600 mm 以上・足場上作業	1.3
2,400 mm ＜ H ≦ 3,600 mm	1.2
H ≦ 2,400 mm	1.0

表 14　難易度係数 K

S：投入人員（人）

＊作業歩掛りは平均壁プラスターボード GL 工法張りで 25～36 m²/日・人から 30 m²/日・人を採用
＊軽量鉄骨間仕切りにビス留め張りの作業歩掛り 32～46 m²/日・人

(13) 壁 AEP 塗装工事（下地処理とも）

A：プラスターボード下地塗装面積 ＝ 193 m²
S：投入人員 ＝ 2 人
式 13 より

$$D = \frac{A}{20 \times S} = \frac{193}{20 \times 2}$$

$$= 4.8 \rightarrow 5\,日$$

D：AEP 塗装（下地処理とも）実働日（日）
A：プラスターボード下地塗装面積（m²）
20：作業能率定数（m²/日・人）

S：投入人員（人）

＊作業歩掛りは平均壁プラスターボード下地処理 18～25 m²/日・人から 20 m²/日・人を採用

(14) 天井照明器具取付け

N：設備照明器具個数 ＝ 30 個
S：投入組数 ＝ 1 組
K：難易度係数 ＝ 1.0
式14 より

$$D = \frac{1}{15 \times S} \times N \times K = \frac{30 \times 1.0}{15 \times 1} = 2.0 \rightarrow 2 日$$

D：照明器具取付け日数（日）
N：設備照明器具個数（個）
15：作業能率定数（個/日・組）
S：投入組数（組）

難易度	係数
特殊型器具・シャンデリア型	1.3
通常蛍光灯・一般照明器具	1.0

表15　難易度係数 K

K：難易度係数
＊作業歩掛りは平均 12～18 個/日・組から 15 個/日・組を採用

(15) 床タイルカーペット張り

A：床タイルカーペット張り面積 ＝ 480 m²
S：投入人員 ＝ 3 人
式15 より

$$D = \frac{A}{40 \times S} = \frac{480}{40 \times 3} = 4.0 \rightarrow 4 日$$

D：床タイルカーペット張り実働日（日）
A：床タイルカーペット張り面積（m²）
40：作業能率定数（m²/日・人）
S：投入人員（人）

＊作業歩掛りは平均 36～48 m²/人から 40 m²/日・人を採用

(16) ソフト幅木取付け

L：ソフト幅木延べ長さ ＝ 88 m
S：投入人員 ＝ 2 人
式16 より

$$D = \frac{L}{100 \times S} = \frac{88}{100 \times 2} = 0.4 \rightarrow 1 日$$

D：ソフト幅木張り実働日（日）
L：ソフト幅木張り延べ長さ（m）
100：作業能率定数（m/日・人）
S：投入人員（人）

＊作業歩掛りは平均 80～120 m/日・人から 100 m/日・人を採用

(17) 床養生（ビニルシート張り）

A：床養生面積 ＝ 480 m²
S：投入人員 ＝ 4 人
式17 より

$$D = \frac{A}{60 \times S} = \frac{480}{60 \times 4} = 2.0 \rightarrow 2 日$$

D：床養生張り実働日（日）
A：床養生面積（m²）
60：作業能率定数（m²/日・人）
S：投入人員（人）

＊作業歩掛りは平均 50～70 m²/日・人から 60 m²/日・人を採用

(18) 照明（照度）・空調テスト

$D = K$

表16より

D：テスト実働日
$A = 480 \text{ m}^2 \rightarrow 2$ 日
A：建物床面積

室　内　面　積　A	日　数　K
$3{,}200 \text{ m}^2 < A$	4 日以上
$1{,}600 \text{ m}^2 < A \leq 3{,}200 \text{ m}^2$	3 日
$0 \text{ m}^2 < A \leq 1{,}600 \text{ m}^2$	2 日

表16　室内面積による日数

(19) クリーニング・清掃

$D = K$
D：クリーニング実働日（日）
A：クリーニング床面積 $= 480 \text{ m}^2$
2 人投入するとして
表17 より

$$D = \frac{5}{2} = 2.5 \rightarrow 3 \text{ 日}$$

床　　面　　積	日　　数
$A < 100 \text{ m}^2$	〜2 日
$100 \leq A < 250 \text{ m}^2$	2〜3 日
$250 \leq A < 400 \text{ m}^2$	3〜5 日
$400 \leq A < 600 \text{ m}^2$	5〜6 日

表17　床面積別日数

作　　業　　名	算定日数		作　　業　　名	算定日数
最上階コンクリート養生期間	28 日	(10)	天井足場解体・片付け	1 日
(1) 型枠解体・片付け	4 日	(11)	サッシ額縁取付け	2 日
(2) 仕上げ墨出し	1 日	(12)	壁プラスターボード張り（GL工法）	4 日
(3) 天井足場架設	2 日	(13)	壁 AEP 塗装工事（下地処理とも）	5 日
(4) 設備配管工事	3 日	(14)	天井照明器具取付け	2 日
(5) 軽量鉄骨天井下地	4 日	(15)	床タイルカーペット張り	4 日
(6) 壁軽量鉄骨間仕切り	1 日	(16)	ソフト幅木取付け	1 日
(7) 天井プラスターボード下地張り厚 12 mm	6 日	(17)	床養生（ビニルシート張り）	2 日
(8) 照明器具欠込み補強	2 日	(18)	照明（照度）・空調テスト	2 日
(9) 天井岩綿吸音板張り	5 日	(19)	クリーニング・清掃	3 日

資料　モデル建物の算定式による基準階内部仕上げ日数

11 外部仕上げ工事 （64〜70頁参照）

概算

式1より

$D = d \times K_1 \times K_2 = 50 \times 0.6 \times 1.0 = 30 \rightarrow 30$ 日

D：外部仕上げ実働日（日）

d：建物面積による実働日数
　　クリティカルパスとなる階の床面積約 517 m²
　　図1 より 50
　　施工面積約 5,588 m²
　　図1 より 50
　　（日数の多いほうを採用するが，事例ではどちらも 50 日）

K_1：主な外部仕上げによる係数—タイル打込み
　　　　　65 頁表1 より 0.6

K_2：建物種別による係数——事務所　表2 より 1.0

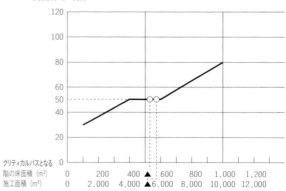

図1　建物面積による実働日数

(1) 建具取付け工事（取付け→モルタル詰め→ガラス嵌込み→ガラスシール）

式2より

$$D = \frac{A}{10 \times S} + 3 = \frac{55}{10 \times 3} + 3$$

$$= 4.8 \rightarrow 5 日$$

条件：1フロア1サイクルとして工事を進める。

- D：建具取付け実働日（日）
- A：取付け建具面積（m^2）→ 1フロア（最上階）の外壁回り建具面積 55 m^2
- 10：作業能率定数（m^2/日・人）
- S：投入人員（人）

＊投入人員は施工面積 120〜200 m^2/1人なので，517 ÷ 200 ≒ 2.6 → 3人

＊倉庫など開口の少ない場合，200 m^2/1人程度を目安とする

(2) 下地処理工事（左官）

式3より

$$D = \frac{A}{6 \times S \times K} = \frac{150}{6 \times 4 \times 3}$$

$$= 2.1 \rightarrow 2 日$$

条件：1フロア1サイクルとして工事を進める。

- D：左官工事実働日（日）
- A：施工面積（m^2）→ 1フロア（最上階）の外壁下地処理面積 150 m^2
- 6：作業能率定数（m^2/日・人）
- S：投入人員（人）
- K：部位別係数—吹付け下地打放し補修 66頁表3より3

＊投入人員は施工面積 40〜120 m^2/1人。事務所のため 120 m^2/1人なので，496 ÷ 120 ≒ 4.1 → 4人

(3) 金物取付け工事

簡易タラップ 式4より

$$D = \frac{A}{S \times K} = \frac{1}{1 \times 2}$$

$$= 0.5 \rightarrow 1 日$$

条件：1フロア1サイクルとして工事を進める（最上階に簡易タラップ1か所，縦樋5m，手摺り300 m^2）。

- D：金物取付け（手摺りなど）実働日（日）
- A：金物取付け箇所数（箇所）→ 1か所
- S：投入人員（人）
- K：種別係数—簡易タラップ 66頁表5より2

＊投入人員は取付け箇所 10〜20か所に1人を目安

縦樋 式4より

$$D = \frac{A}{S \times K} = \frac{5}{1 \times 8} = 0.6 \rightarrow 1 日$$

- A：金物取付け長さ（m）→ 5 m
- S：投入人員（人）
- K：種別係数—縦樋 66頁表4より8

＊投入人員は取付け長さ 20〜30 m に1人。30〜50 m^2 当たりに1人を目安に投入する

手摺り 式4より

$$D = \frac{A}{S \times K} = \frac{300}{6 \times 10}$$

$$= 5 \rightarrow 5 日$$

- A：金物取付け面積（m^2）→ 300 m^2
- 6：作業能率定数（m^2/日・人）
- S：投入人員（人）
- K：種別係数—手摺り 66頁表4より10

＊投入人員は取付け面積 30〜50 m^2 に1人を目安にする。300 ÷ 50 = 6人

(4) 外装工事

塗装（養生とも）工事
式5より

$$D = \frac{A}{65 \times S \times K_1 \times K_2} + 1$$

$$= \frac{500}{65 \times 1 \times 1 \times 1} + 1$$

$$= 8.7 \rightarrow 9 日$$

条件：東側外壁のみ吹付けタイルのため，最上階コンクリート打設後，下地処理等の工事完了後行う。

- D：塗装工事（養生とも）実働日（日）
- A：塗装面積（m^2）→ 500 m^2
- S：投入組数（組）
- K_1：仕様別係数—吹付けタイル 66頁表6より1

K_2：作業能率係数—開口が多いが凹凸が少ない
66頁表7より1

＊投入組数は施工面積300〜500 m²に1組を目安にする。500 ÷ 500 ＝ 1組

(5) 石張り工事

式7より

$$D = \frac{A}{6 \times S \times K_1 \times K_2 \times K_3}$$

$$= \frac{70}{6 \times 1 \times 1 \times 1.2 \times 1.2}$$

$$= 8.1 \rightarrow 8 日$$

条件：南側一部石張り（花崗岩—乾式工法）とする。
- D：石張り工事実働日（日）
- A：石張り面積（m²）→ 70 m²
- 6：作業能率定数（m²/日・組）
- S：投入組数（組）
- K_1：仕様別係数—花崗岩　67頁表12より1

- K_2：作業能率係数—開口が少なく凹凸が少ない
　67頁表13より1.2
- K_3：部位・工法係数—壁の乾式工法，ひき石
　67頁表14より1.2

＊投入組数は施工面積100〜200 m²/1組を目安にする。70 ÷ 100 ＝ 0.7　→　1組

(6) 防水工事

式9より

$$D = \frac{A}{80 \times S \times K_1 \times K_2}$$

$$= \frac{517}{80 \times 1 \times 0.6 \times 0.9}$$

$$= 12.0 \rightarrow 12 日$$

条件：アスファルト密着断熱の上押えコンクリートとする。
- D：防水工事実働日数（日）
- A：防水工事施工面積（m²）→ RF屋上，PH屋上 517 m²
- 80：作業能率定数（m²/日・組）
- S：投入組数（組）
- K_1：工法別係数　68頁表16より0.6

- K_2：作業能率係数—機械基礎などが多い
　68頁表17より0.9

＊投入組数は施工面積500〜800 m²/1組を目安にする。517 ÷ 500 ＝ 1.0　→　1組

　外部仕上げ工事は，外装，カーテンウォール，防水など関連しながら並行作業を行うのが一般的で，上記で算定した要素を並行しながら積み上げて，以下に示すので参考にされたい。

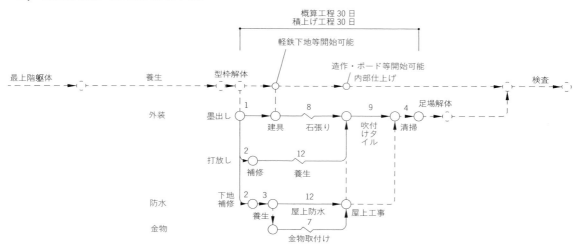

資料　外部仕上げ工事工程

12 外構工事 (71～76頁参照)

モデル建物の状況

モデル物件の敷地は建築物本体のまわりにそれほど余裕がなく，したがって外構工事のうち先行して施工する部分や本体と並行して施工する部分は少ない。大部分は本体の外部工事が完了している側から始めることとなる。

仕様・数量

(1) 外部足場解体：枠組足場，メッシュシート養生（朝顔なし）：延べ 3,490 m²
(2) 桝据付け：□450　管底 GL−70 cm：延べ 10 個
(3) 埋設配管：100～150 VP　管底 GL−70 cm：延べ 50 m
(4) 境界塀および花壇立上り：$H=80$ cm　打放し仕上げ：延べ 101 m（花壇立上りとも）
(5) 道路境界石，ボーダー：花崗岩本磨き（一部既製品）：延べ 112 m
(6) U字溝敷設：U240　蓋は花崗岩張り，磁器タイル張りおよびグレーチング：延べ 90 m
(7) 舗床工事：コンクリート下地磁器タイル張り（一部花崗岩ジェットバーナー）：延べ 118 m²
(8) 仮設歩道切下げ復旧工事：切下げ部分コンクリート壊し：1 か所
(9) 本設歩道切下げ工事：アスファルト舗装および縁石，L型補修：2 か所
雑工事：広告塔 2 か所　バリカー 15 か所　他
(10) 植栽：低木 228 株　高木 6 本　客土約 20 m³
その他：花壇立上りなどの仕上げ，全体片付け，クリーニング

工程算定

(1) 外部足場解体

$$D = \frac{A}{290 \times S} + 1 = \frac{3,490}{290 \times 2} + 1 = 7.0 \rightarrow 7\text{日}$$

ただし，全体の 50% 完了で他工事に着手。

(2) 桝据付け

$$D = \frac{N}{2.5 \times S \times K_1 \times K_2} = \frac{10}{2.5 \times 1 \times 1 \times 1} = 4.0 \rightarrow 4\text{日}$$

(3) 埋設配管

$$D = \frac{L}{6.5 \times S \times K_1 \times K_2} = \frac{50}{6.5 \times 1 \times 1 \times 1} = 7.7 \rightarrow 8\text{日}$$

(4) 境界塀および花壇立上り

$$D = \frac{L}{5 \times S} = \frac{101}{5 \times 2} = 10.1 \rightarrow 10\text{日}$$

※ $D>4$ の時は，算出数値とする（72頁式6より）。

(5) 道路境界石，ボーダー

$$D = \frac{L}{80 \times S \times K_1} = \frac{112}{80 \times 1 \times 1}$$
$$= 1.4 \text{ （最低 2 日）} \rightarrow 2 \text{ 日}$$

※ただし，D（実働日）を算出した結果 $D \leq 2$ の時は，最低必要日数として 2 日とする（72 頁式 7 より）。

(6) U 字溝敷設

$$D = \frac{L}{24 \times S \times K_1} = \frac{90}{24 \times 1 \times 1}$$
$$= 3.8 \rightarrow 4 \text{ 日}$$

このほかに蓋のセットに一式 = 1 日として
→ 5 日

(7) 舗床工事

A：舗面積（土間コンクリート：118 m², 磁器タイル：106 m², 花崗岩：16 m²）

土間コンクリート

$$D = \frac{A}{200 \times S \times K_1} = \frac{118}{200 \times 1 \times 0.6}$$
$$= 1.0 \text{ （最低 2 日）} \rightarrow 2 \text{ 日}$$

※ $D \leq 2$ の時は，最低必要日数として 2 日を採用。これに養生期間として 1 日を加算
→ 3 日

磁器タイル張り

$$D = \frac{A}{21 \times S} = \frac{106}{21 \times 1} = 5.0 \rightarrow 5 \text{ 日}$$

花崗岩ジェットバーナー仕上げ張り

$$D = \frac{A}{15 \times S \times K_1} = \frac{16}{15 \times 1 \times 1} = 1.1 \rightarrow 2 \text{ 日}$$

（73 頁式 12 より）

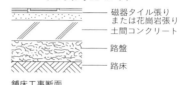

舗床工事断面

(8) 仮設歩道切下げ復旧工事

1 か所の日程　3 日（74 頁（11）より）
$D = 3$ 日

(9) 本設歩道切下げ工事

1 か所の日程　2 日（74 頁（12）より）
$D = 2$ 日

(10) 客土入れおよび植栽

この場合は花壇立上りが完成次第，道路から直に客土が入れられると考えると客土入れに 1 日，植栽に 1 日で計 2 日（74 頁（13）より）
$D = 2$ 日

(1)〜(10) の合計が 53 日となるが，この 53 日という日数は工事の積み重ねであり，実際はある程度ラップして作業が進められる。モデル建物の外構工事の全体工程をバーチャートとネットワークに示すと次頁図 2 のとおりとなる。ネットワークからこのモデルの外構工事の実働日数は 20 日となる。ただし，このモデルの場合，全体工程のうえでは，外構工事は内部仕上げ工事とのラップ作業となり，上記 20 日という数字はあくまで検査前に完了してなくてはならない期日としてとらえてもらいたい。

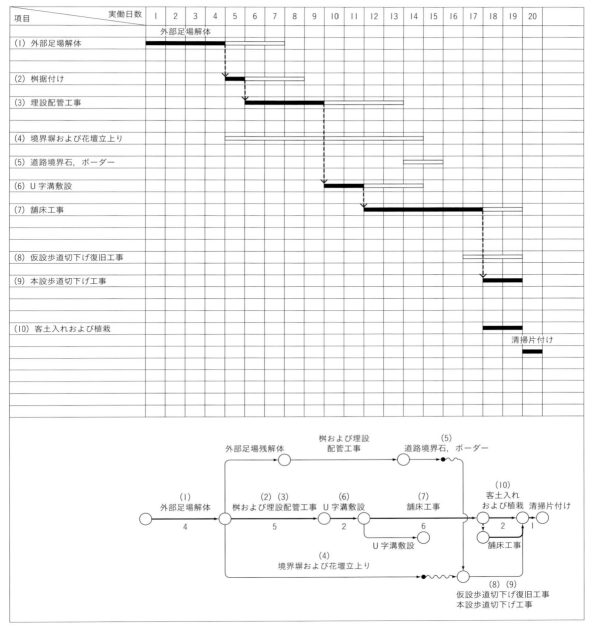

図2 外構工事の全体工程（数字は実働日数，■はクリティカルパスを示す）

13 検査・引渡し （77頁参照）

仕様・算定
式1より
$$D = 10 \times K_1 \times K_2 + 7$$
$$= 10 \times 1.2 \times 1.2 + 7$$
$$= 21.4 \rightarrow 21 日$$
条件：開発行為はない
　　　施工面積—約 5,228 m²

主要用途—事務所
施主，監理者の特別な検査要望はない
D：検査〜手直し〜引渡しまでの実働日（日）
K_1：施工面積による係数　77頁表1より　1.2
K_2：建物用途による係数　77頁表2より　1.2

3 全体工程算定

全体工程表の作成

(1) 全工程の算定

「準備工事」から「社内検査」までのすべてのモデル建物の工事の算出日程を列記し，それに従った全体工程を作成する。算出の根拠は本章のこれまでの工事項目から抽出したものである。この日程の積み重ねが全体工程となる。

(2) 休日設定

休日の設定に関しては，毎週土曜日，日曜日は全体，国民の祝日もすべて休日とした。雨による作業不能日は休日に発生するとして，平日はすべて作業可能とした。工期は暫定で，20XX 年 5 月 8 日からと設定した。さらに，長期休暇に関しては次のように設定した。

	工事名		実働	休日	暦日	休日内訳	累計
1	準備工事	5/8 着手 6/14	27	10	37	暦日換算	37
2	SMW柱列壁	7/6	22	6	28	土日6日	65
3	親杭・構台杭・支持杭	7/16	8	2	10	土日2日	75
4	杭打ち工事	8/12	22	5	27	土日5日	102
5	1次根切り	8/31	7	12	19	土日6日+盆6日	121
6	構台架設	9/4	3	1	4	土日1日	125
7	切梁架設	9/8	4	0	4		129
8	2次根切り	9/29	16	5	21	土日4日+祭日1日	150
9	杭頭処理	10/4	4	1	5	祭日1日	155
10	床付け・砕石・捨てコン	10/10	4	2	6	土日2日	161
11	基礎躯体工事	11/10	23	8	31	土日8日	192
12	切梁解体	11/12	2	0	2		194
13	地下1階躯体工事	12/6	18	6	24	土日6日	218
14	構台解体	12/8	2	0	2		220
15	鉄骨建て方工事	2/7	41	20	61	土日14日+正月6	281
16	1階立上り躯体工事	3/7	21	7	28	土日6日+祭日1日	309
17	2階立上り躯体工事	4/6	21	9	30	土日8日+祭日1日	339
18	3階立上り躯体工事	5/10	21	13	34	土日8日+祭日5日	373
19	4階立上り躯体工事	6/9	21	9	30	土日9日	403
20	5階立上り躯体工事	7/8	21	8	29	土日8日	432
21	6階立上り躯体工事	8/7	21	9	30	土日8日+祭日1日	462
22	7階立上り躯体工事	9/10	21	13	34	土日8日+盆5日	496
23	8階立上り躯体工事	10/20	21	9	30	土日8日+祭日1日	526
24	(PH立上り躯体工事)		(17)				
25	コンクリート養生期間	11/17	20	8	28	土日8日	554
26	内部仕上げ工事	2/5	54	26	80	土日20日+正月6	634
27	(外部仕上げ工事)		(30)				
28	(外構工事)		(20)				
29	検査	3/7	21	9	30	土日8日+祭日1日	664
			466	198	664		664
	実働日数 21.18 日/月		休日月平均 9 日/月		月平均日数 30.18 日/月		

夏期休暇　8月中旬の7日間（土曜，日曜，祝日，盆休暇を含む）
冬期休暇　年末年始の7日間（土曜，日曜，祝日の休日を含む）

(3) 算定日数一覧表

（2）の条件に沿って算定した各工事の所要日数は左頁の表のとおりである。

	5月	6月	7月	8月	9月	10月	11月	12月	20ZZ年 1月	2月	3月	4月
											▼竣工	

PH2階立上り躯体 ── 養生期間 ── ELV搬入・組立・検査
　　　　　　　　　7/8
PH1階立上り躯体 ── 養生期間 ── 設備・内部仕上げ工事
　　　　　　　　10/12　　20/28
8階立上り躯体 ── 養生期間 ── 設備・内部仕上げ工事
　　21/30　　20/28　　54/80
7階立上り躯体 ── 養生期間 ── 設備・内部仕上げ工事
　　21/34　　20/28　　54/72
6階立上り躯体 ── 養生期間 ── 設備・内部仕上げ工事
　　21/30　　20/28　　54/70
5階立上り躯体 ── 養生期間 ── 設備・内部仕上げ工事
　　21/29　　20/28　　54/70
4階立上り躯体 ── 養生期間 ── 設備・内部仕上げ工事　　　　　　　　竣工検査
　　21/30　　21/28　　54/70　　　　　　　　　　　　　　　　　　21/30　3/7
り躯体 ── 養生期間 ── 設備・内部仕上げ工事
/34　　20/28　　54/70
生期間 ── 設備・内部仕上げ工事
/28　　54/82
設備・内部仕上げ工事
54/82

外部仕上げ工事 ── 外構工事
30/41　　20/31

サイクル工程

一般的に事務所ビルや共同住宅，ホテルなどの工程計画を立てる場合，全体工程の中にいくつかの作業工程の集合が同じパターンで繰り返し現れる。例えば当モデル建物の場合の基準階躯体工事の工程や，内部仕上げ，外部仕上げの工程がこれに該当する。

この同じパターンで繰り返される工程をサイクル工程と呼んでいる。一般的に10日サイクルや15日サイクルでコンクリートを打設するなどというが，これはある階のコンクリート打設の翌日から次階のコンクリート打設までのサイクル工程の日数を表現しているのである。

サイクル工程はその性格上，クリティカルパス上にあっては工期短縮の重要な鍵を握っている。また，サイクル工程の内容を研究することによって適正で効率的な労務量や資機材の投入に結びつけることが可能となる。

総合工程表にはこのサイクル工程に当たる部分を単線で表現し，別掲でサイクル工程を表すと便利である。

(1) 躯体サイクル工程

基準階の1フロア当たりの所要日数は21日と算出した。ここでは21日間をより詳細に作業手順を追って組み立てる「躯体サイクル工程」を記述する。基準階の躯体施工中は，このサイクルを遵守しなければならない。

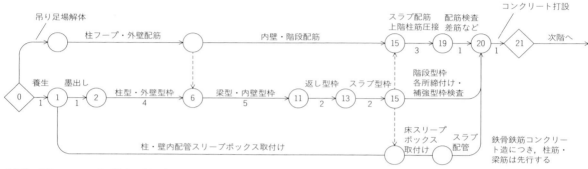

基準階の躯体サイクル工程（数字は実働日）

(2) 仕上げサイクル工程

躯体と同様に仕上げ工事に関しても基準階は一定のサイクルで施工が進行する。この工事では，実働で54日（養生期間を含め74日）の仕上げ工事日数が必要である。

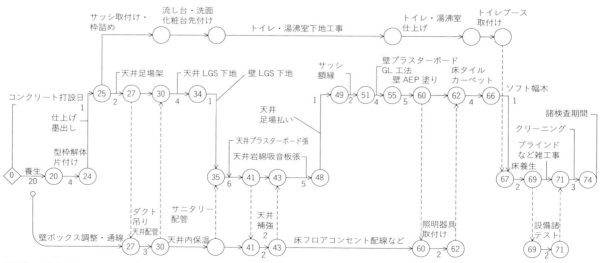

基準階の内部仕上げサイクル工程（数字は実働日）

グラフによる概算工程

ここでは，過去に建築された建物の工期を分析したグラフを使用して構造規模などから簡単に概算工程を算定する方法を示す。グラフについては，あくまで目安であり以下の事項を考慮して使用すること。
1) 算定された日数は平均値のためその前後が予想される。
2) 準備工事は含んでいない。
3) 実働で表現されているので，第1章-3の「実働と暦日」に従って暦日換算を行うこと（1か月＝実働で何日として決めておくと便利）。
4) 一般的な鉄筋コンクリート造，鉄骨鉄筋コンクリート造の事務所建物を対象としている。
5) 特殊工法や近隣問題などは考慮していない。

算定式

$$D = (K_1 + K_2) \div B + K_3 \div \{(A + B) \div 2\} \quad \cdots\cdots 式1$$

D ：概算工程（箇月）
K_1：杭の概算日数（日）……　図1
K_2：地中部概算日数（日）……　図2
K_3：地上部概算日数（日）……　図3
A ：雨天休止日を含まない月平均実働数 …… 表1
B ：雨天休止日を含む月平均実働日 …… 表1

＊一部が地下の場合，図2より地下なし部分および地下1階部分それぞれの建築面積によって算出した実働日の合計とする。ただし総地下として算出した実働日がその合計より少ない場合は，総地下の実働日とする

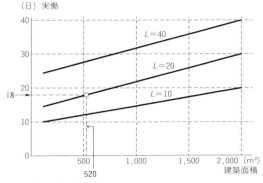

図1　杭の概算日数 K_1
注）杭長（L）はGLからの長さ（m）を示す。
　　杭工法は限定していない。

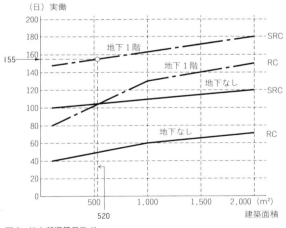

図2　地中部概算日数 K_2
注）山留め工事から地下躯体を完了して埋戻しまでの期間とする。地下の階高は，4.5 m前後とする。

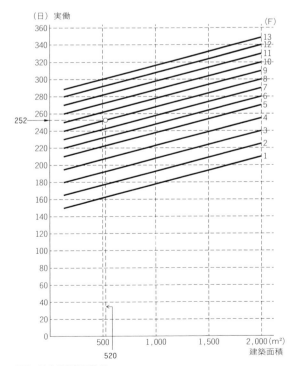

図3　地上部概算日数 K_3
注）地上躯体工事から検査完了までとする。ただし，開発行為などの検査は含まない。

モデル建物仕様・算定

地下部建築面積　　約 520 m²
建築面積　　　　　約 520 m²
階数　　　　　　　8 階
杭　　　　　　　　GL - 20 m

4 週 6 休として暦日換算
式 1 より

$$D = (K_1 + K_2) \div B + K_3 \div \{(A + B) \div 2\}$$
$$= (18 + 155) \div 21 + 252 \div \{(22 + 21) \div 2\}$$
$$= 8.23 + 11.72$$
$$= 19.95 \text{ か月} \rightarrow 20 \text{ か月}$$

　D：概算工程（箇月）
　K_1：図 1 より 18 日
　K_2：図 2 より 155 日
　K_3：図 3 より 252 日
　A：表 1 より 22 日
　B：表 1 より 21 日

上記により概算工程は約 20 か月となり，準備工事約 1 か月を加えると 21 か月となる。モデル建物での積上げ工程は 22 か月となるが，モデル建物の概算工程（22 か月）に比べて，地下 1 階の階高が高いため，山留めを含めた地中部の工期がかかるものと思われる。

	休日種別	日曜・祝日	4 週 6 休	4 週 8 休
作業休止日	日曜日	52 日	52 日	52 日
	祝日	15 日	15 日	15 日
	＊土曜休暇	0 日	24 日	48 日
	盆休暇	5 日	5 日	5 日
	年末年始休暇	6 日	6 日	6 日
	＊雨天休止日	13 日	13 日	13 日
作業休止日合計		91 (78) 日	115 (102) 日	139 (126) 日
年間実働日（365 日－作業休止日合計）		274 (287) 日	250 (263) 日	226 (239) 日
月平均実働日（年間実働日÷12 か月）		23 (24) 日	21 (22) 日	19 (20) 日

表 1　月平均実働日

＊4 週 6 休，4 週 8 休とは，日曜日と土曜日を休みとする（事業者および官公庁の一部では，休みの週に日曜日を含め 2 回休日を取得すると考える場合があり，該当の週に祝日その他の休みがある場合に，これを日曜日以外の休日としてカウントする場合がある）
＊土曜休暇は 4 週 6 休で年間 26 日，4 週 8 休で年間 52 日となるが，その他の休止日と重複する日数を考慮して，この表ではそれぞれ 4 週 6 休で年間 24 日，4 週 8 休で年間 48 日としている
＊雨天休止日は，地域によって異なるので注意
＊（　）内は雨天休止日を含まない日数。雨天等を考慮しない場合に使用する

4 ビルタイプ別工程算定事例

1 鉄筋コンクリート造会館

工事概要
工事名称……○○会館新築工事
工期…………20XX 年 10 月～20YY 年 5 月
工事種別……新築
主要用途……事務所（1, 2 階），単身寮（個室）（3 階）
用途地域……第 2 種中高層住居専用地域
防火地域……準防火地域
高度地区……第 2 種高度地区
敷地面積……264.46 m^2
建築面積……156.00 m^2
施工面積……463.70 m^2
高さ…………9.95 m^2
構造・基礎…鉄筋コンクリート造・直接基礎

外部仕上げ
屋根……………コンクリートスラブのうえ，アスファルト露出防水
　　　　　　　シルバーコート塗装
　　　　　　　スラブ勾配 1/100
　　　　　　　スラブ下断熱，スタイロフォーム 25 厚打込み
パラペット笠木…コンクリート打放し金ごて押えのうえ，アクリル系吹付けタイル
　　　　　　　アルミ防水立上り押え金物
外壁……………磁器質モザイクタイル 45×95
　　　　　　　コンクリート打放し（ウレタン塗装型枠）はっ水塗装（南側一部）
　　　　　　　打継ぎ目地，誘発目地 $W=15$ 弾性シーリング材充塡
　　　　　　　壁断熱，発泡ウレタン 15 厚吹付け
軒天……………アルミスパンドレル $t=1.0$，カラー
ポーチ…………磁器質タイル 100×100
犬走り…………コンクリート舗装（南面）
　　　　　　　砕石敷き $W=300$（その他）
建具……………アルミ製サッシ（引違い，FIX，すべり出し，外開き）
　　　　　　　アルミ製プリーツ網戸 $W=30$（3 階 6 か所）
　　　　　　　スチール製框戸 SOP
ガラス…………網入り透明ガラス 6.8 厚
　　　　　　　網入り型板ガラス 6.8 厚
屋上 PS
立上り…………コンクリート打放し，吹付けタイル
屋上・屋外
設備基礎………コンクリート基礎
屋外工事
植栽等…………タケ（南側一部）
　　　　　　　自然石配置，現物支給

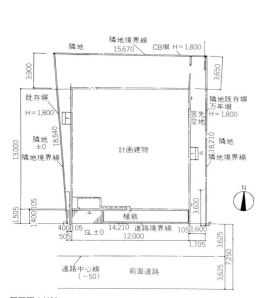

配置図 1/400

1階平面図 1/300

面積

建築面積（A）：156.00 m² （47.19 坪）
施工面積（B）：463.70 m² （140.27 坪）
建蔽率（A/敷地面積） ＝ 156.00 ÷ 264.46 ＝ 58.98％
容積率（B/敷地面積） ＝ 463.70 ÷ 264.46 ＝ 175.33％

階	申請部分（m²）
3	156.00　（47.19 坪）
2	156.00　（47.19 坪）
1	151.70　（45.89 坪）
合計	463.70（140.27 坪）

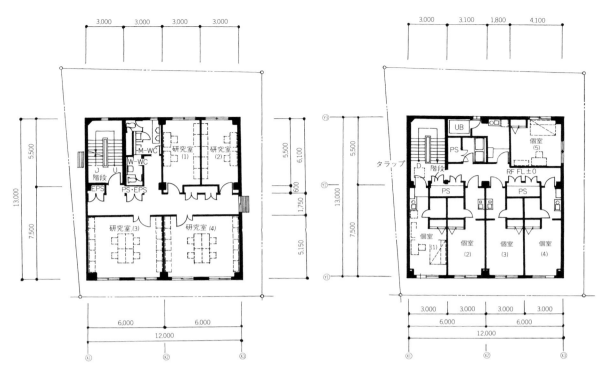

2階平面図

3階平面図

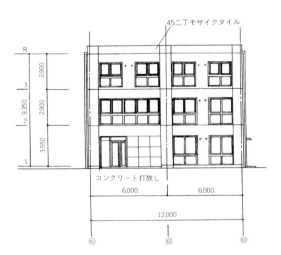

南側立面図

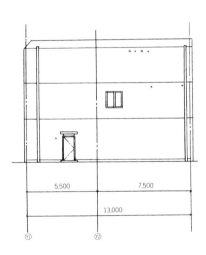

西側立面図

工事	作業名	数量	所要日数算定	実働	休日換算	暦日	累計
準備工事	準備工事	施工面積 464 m²	グラフより制約なし	22	3 (日曜祝日)	25	25
根切り・山留め工事	掘削1次	287 m³	$\dfrac{287}{1.65 \times 1.4 \times 165} = 0.75$	1	3 (日曜祝日 +土曜日)	10	
	簡易山留め	69 m²	$\dfrac{69}{6 \times 5} = 2.3$	2			
	床付け	166 m²	$\dfrac{166}{1,500} + 4 = 4.1$	4			35
基礎・躯体工事	基礎工事	型枠 330 m² 鉄筋 14 t	二重ピットなし (p46) $\dfrac{14}{0.65 \times 3 \times 1.1} \times \dfrac{3}{4} + \dfrac{330}{10 \times 4 \times 1.1} + 1 = 13.39$	14	18 (正月休み5日 +日曜7日 +祝日2日 +土曜4日)	91	
	埋戻し	18 m³	$\dfrac{18}{50} + 4 = 4.4$	5			
	1階躯体工事	施工面積 151.7 m²	グラフより (p54)	18			
	2階躯体工事	〃 156 m²	グラフより (p54)	18			
	3階躯体工事	〃 156 m²	グラフより (p54)	18			126
3階内装・外部建具工事	コンクリート養生			22	6 (日曜4日 +土曜2日)	28	154
	型枠解体	3階 559 m²	$\dfrac{559}{30 \times 4 \times 1.5} = 3.1$	3			
	仕上げ墨出し	156 m²	$\dfrac{156}{200 \times 0.9 \times 2} ≒ 0.4$	1			
	天井足場架設	156 m²	$\dfrac{156}{150 \times 1.2 \times 3} = 0.3$	1			
	設備配管工事	156 m²	$\dfrac{156 \times 1.6}{40 \times 2} = 3.1$	3			
	外部建具取付け	取付面積 11.8 m² (7台)	$\dfrac{11.8}{10 \times 3} + 3 = 3.4$	4			
	サッシ口詰め	45 m	$\dfrac{45}{6 \times 2} = 3.8$	4			
	軽量鉄骨天井下地	120 m²	$\dfrac{120}{35 \times 2} \times 1.2 = 2.1$	2			
	天井プラスターボード下地	下り壁共 163 m²	$\dfrac{163}{25 \times 3} = 2.2$	3			
	天井岩綿吸音板張り	128 m²	$\dfrac{128}{25 \times 3} = 1.7$	2	17 (日曜8日 +祝日2日 +土曜4日 +作業不能3日)	59	213
	天井足場解体	156 m²	$\dfrac{156}{350 \times 1.2 \times 1} = 0.37$	0			
	軽量鉄骨間仕切り壁組み	135 m²	$\dfrac{135}{25 \times 2} = 2.7$	3			

各工程における所要日数の算定 (1)

	作業名	数量	所要日数算定	実働	休日換算	暦日	累計
3階内装・外部建具工事	床コン天補修	84 m²	$\frac{84}{40 \times 2} = 1.1$	1	(17)	(59)	(213)
	床養生	84 m²	$\frac{84}{60 \times 1} = 1.4$	2			
	ユニットバス組立て	5 台		5			
	壁プラスターボード二重張り	297 m²	$\frac{297}{35 \times 3} = 2.8$	3			
	壁ビニルクロス張り	205 m²	$\frac{205}{40 \times 3} = 1.7$	2			
	床ビニルタイル	56 m²	$\frac{56}{42} = 1.3$	1			
	床フローリング下地共	75 m²	$\frac{75}{25 \times 2} = 1.5$	2			
外構工事	屋外玄関回りタイル張り			7	3 (連休3日)	10	223
	屋外砕石敷き	43 m²					
検査	竣工検査			3	0	3	226 (日)

各工程における所要日数の算定（2）

○○会館新築工事工程表

2 鉄筋コンクリート造共同住宅

工事概要

工事名称……○○マンション新築工事	最高高さ……19.90 m
工期…………20XX 年 1 月～20YY 年 6 月	根切り深さ……2.50 m
主要用途……共同住宅	主要構造……RC 造
用途地域……住居地域	杭……………現場造成杭（アースドリル工法）
敷地面積……2,350.00 m^2	外部仕上げ…壁：小口タイル張り
建築面積……758.85 m^2	屋根：アスファルト露出防水
施工面積……4,950.60 m^2	内部仕上げ…床：フローリング張り
階数…………7 階	壁・天井：ビニルクロス張り

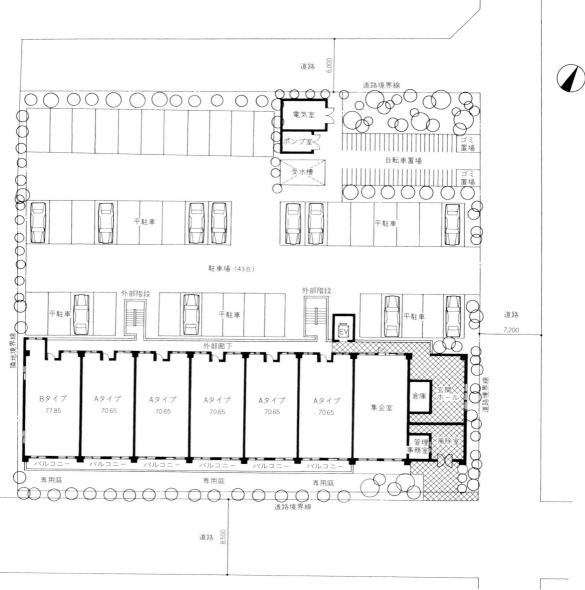

配置・1 階平面図

階数	施工面積（m²）
PH 階	15.75
7 階	575.25
6 階	665.25
5 階	665.25
4 階	756.75
3 階	756.75
2 階	756.75
1 階	758.85
合計	4,950.60

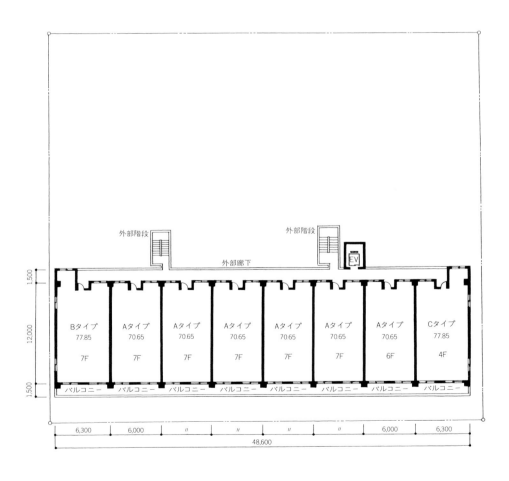

基準階平面図 1/400

工事	作業名	数量	所要日数算定	実働	休日換算	暦日	累計
準備工事	準備工事	施工面積 4950.60 m²	グラフより（p31，暦日）	26	10 (祝日+土日)	36	36
山留め〜根切り工事	山留め	延長：240 m	$\dfrac{240}{1 \times 1 \times 1 \times 1 \times 1 \times 120} + 2 = 4$	4	15 (土日 14 日 +祝日 1 日)	33 + 15 = 48	
	杭打ち工事	1,700 φ L=15 m 20 本	$\dfrac{20 \times 15}{1 \times 1 \times (150/170)^2 \times 32 \times 1} + 3 = 15.04$	15			
	根切り	1,200 m³	$\dfrac{1,200}{1 \times 1 \times 1.4 \times 165} = 5.2$	5			
	杭頭処理	22 本	$\dfrac{22}{5 \times 1} = 4.4$	4			
	地業	645.15 m²	$\dfrac{645.15}{1,500} + 4 = 4.43$	5			84
地下躯体工事	基礎工事	鉄筋 50 t 型枠 1,700 m²	$\left(\dfrac{50}{0.65 \times 10 \times 1.1}\right) \times \dfrac{3}{4} + \dfrac{1,700}{10 \times 10 \times 1.1} + 2 = 22.70$	23	17 (土日 14 日 +祝日 3 日)	39 + 17 = 56	
	埋戻し	700 m³	$4 + \dfrac{700}{1 \times 185} = 7.78$	8			
	山留め引抜き	延長 240 m	$\dfrac{4}{2} = 2$	2			
	土間	鉄筋 10 t	$\dfrac{10}{0.5 \times 4} + 1 = 6$	6			140
地上躯体工事	1 F	758.85 m²	グラフより（p54）	27	79 (土日 72 日 +祝日 7 日)	184 + 79 = 263	
	2・3・4 F	756.75×3 m²	グラフより 27×3	81			
	5・6 F	665.25×2 m²	グラフより 26×2	52			
	7 F	575.25 m²	グラフより	24			403
7階内装工事	コンクリート養生			20	(土日 8 日)	28	
	型枠解体	650 m²	$\dfrac{650}{30 \times 9 \times 1.5} = 1.6$	2	24 (土日 19 日 +連休 5 日)	28 + 65 + 24 = 117	
	仕上げ墨出し	575.25 m²	$\dfrac{575.25}{200 \times 1 \times 1.3} = 2.21$	2			
	設備配管	575.25 m²	$\dfrac{1}{40 \times 2} \times 575.25 \times 0.8 \times 2 = 11.51$	12			
	ユニットバス組立て	6 か所		6			
	造作・建具	6 住戸	3LDK 7〜14 日/1 人 6 × 10 ÷ 3 人工	20			
	壁・天井プラスターボード張り	〃	〃 2〜5 日/1 人 6 × 3 ÷ 3 人工	6			
	壁・天井ビニルクロス張り	〃	〃 3〜4 日/1 人 6 × 3.5 ÷ 3 人工	7			
	床フローリング張り	300 m²	$\dfrac{300}{25 \times 3} = 4$	4			
	クリーニング	575.25 m²	表より（p62）	6			520
検査	竣工検査	4,950.60 m²	$10 \times 1 \times 1.2 + 7 = 19$	19	7	26	546
外装工事	外装工事	575.25 m²	グラフより（p65）	50	21 (土日 16 日 +連休 5 日)	71	

各工程における所要日数の算定

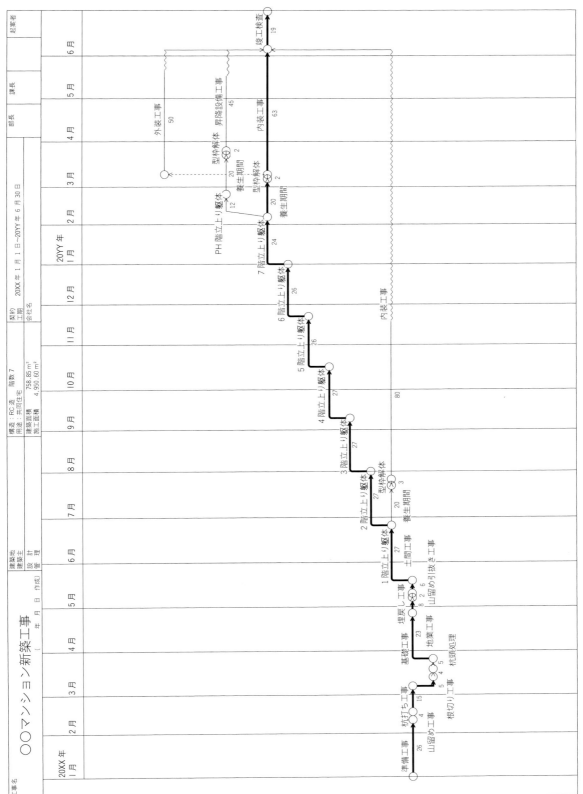

○○マンション新築工事工程表

3 鉄骨造小規模ホテル

工事概要

工事名称………○○ホテル新築工事
工期……………20XX年4月～10月
工事種別………新築
主要用途………ホテル
用途地域………住居地域
敷地面積………226.69 m²
建築面積………135.33 m²
延べ面積………381.84 m²
階数……………地上3階

最高高さ………9.75 m
根切り深さ……1.40 m
主要構造………鉄骨造
外部仕上げ……ALCパネル張り，防水形複層仕上げ塗材仕上げ，一部カーテンウォール
内部仕上げ……床：タイルカーペット張り，壁：軽量鉄骨下地組＋プラスターボード張り＋ビニルクロス張り，天井：軽量鉄骨下地＋プラスターボード張り＋岩綿吸音板張り

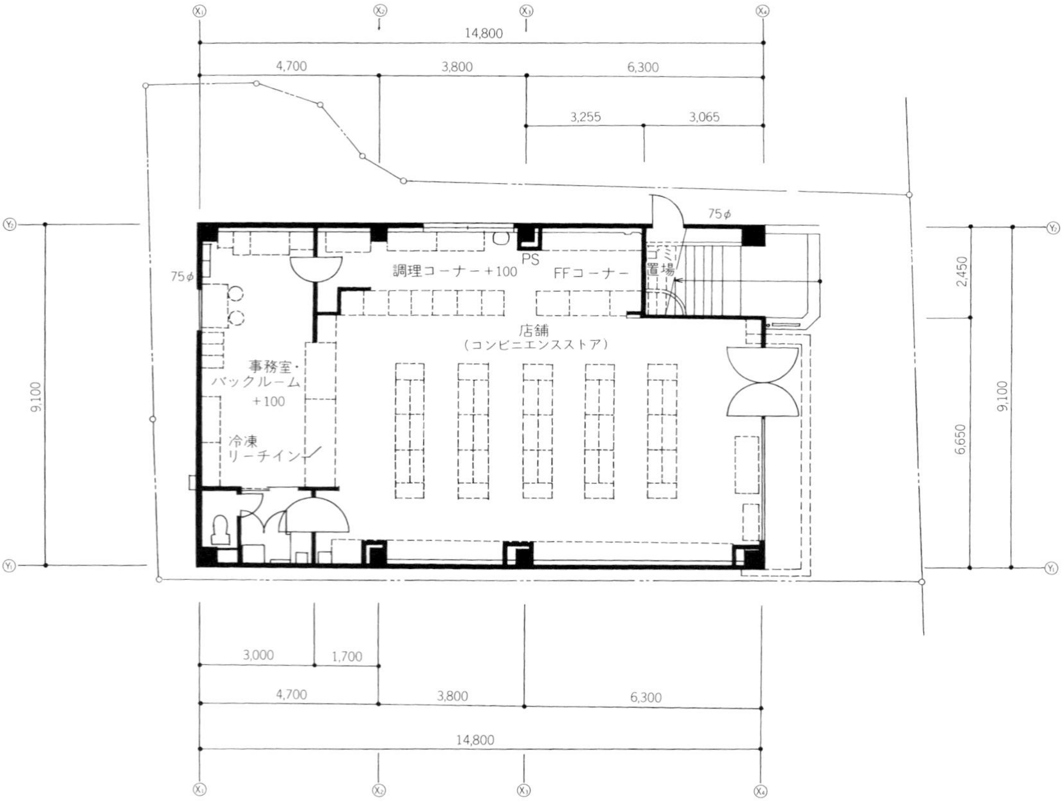

配置・1階平面図 1/200

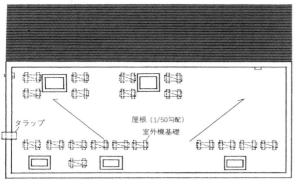

屋根伏図

東立面図

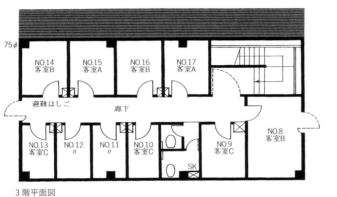

3階平面図

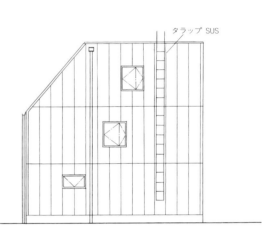

西立面図

2階平面図

作業名		数量	所要日数算定	実働	休日換算	暦日	累計
鉄骨工事(1)	鉄骨製作		業者選定から搬入まで90日の内,現場着手の30日前に発生する必要がある			30	30
	準備工事	施工面積 382 m²	グラフより 25日(p31,暦日)			25	55
土工事(1)	根切り	190 m³	$D = \dfrac{190}{1.65 \times 0.65 \times 165} = 1.1$	1	2 (土日2日)	8	63
	簡易山留め	20 m²	$D = \dfrac{20}{6 \times 3} = 1.1$	1			
	床付け	155 m²	$D = \dfrac{155 \times 0.5}{1,500} + 4 = 4.1$	4			
基礎工事	基礎躯体(ピットあり)	鉄筋 8 t 型枠 200 m²	$D_1 = \dfrac{8}{1.5 \times 2} = 2.7$ $D_2 = \dfrac{200}{12 \times 4} + 2 = 6.2$ $D = 3 + 6 + 1 + 2 = 12$	12	4 (土日4日)	16	79
土工事(2)	埋戻し	20 m³	$D = 4 + \dfrac{20}{50} = 4.4$	5	3 (土日3日)	8	87
鉄骨工事(2)	建方	鉄骨 38 t	$D = \dfrac{38}{30 \times 0.8 \times 0.8} + 2 = 4.0$	4	5 (土日5日)	18	105
	本締め		$D = 4.0 \times 1.5 = 6.0$	6			
	デッキ敷込み	デッキ 360 m²	$D = \dfrac{360}{70 \times 2} = 2.6$	3			
地上躯体工事	ワイヤメッシュ敷込み	360 m²	$D = \dfrac{360}{100 \times 3} = 1.2$	1	4 (土日4日)	12	117
	鉄筋	1 t	$D = \dfrac{1}{0.5 \times 2} = 1.0$	1			
	型枠	70 m²	$D = \dfrac{70}{8.0 \times 3} = 2.9$	3			
	コンクリート・養生			2			
	墨出し			1			
外部仕上げ工事	ALC工事	360 m²	$D = \dfrac{360}{10 \times 4} = 9.0$	9	2 (土日2日)	11	128

各工程における所要日数の算定(1)

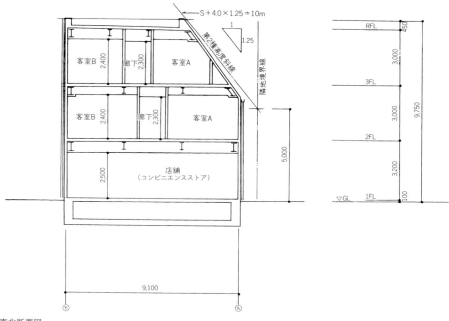

南北断面図

	作 業 名	数　量	所要日数算定	実働	休日換算	暦日	累計
設備・内部仕上げ工事	カーテンウォール	（1階当たり） 30 m²	$D = \dfrac{30}{8 \times 1} = 3.8$	4			
	耐火被覆	160 m²	$D = \dfrac{160}{100 \times 1} = 1.6$	2			
	設備配管	120 m²	$D = \dfrac{120 \times 0.6 \times 2.0}{40 \times 1} = 3.6$	4			
	軽量鉄骨天井下地	120 m²	$D = \dfrac{120 \times 1.0}{35 \times 2} = 1.7$	2			
	軽量鉄骨間仕切	180 m²	$D = \dfrac{180}{30 \times 2} = 3.0$	3			
	天井下地（プラスターボード張り）	120 m²	$D = \dfrac{120}{20 \times 2} = 3.0$	3			
	壁プラスターボード張り	300 m²	$D = \dfrac{300}{35 \times 2} = 4.2$	4			
	天井岩綿吸音板張り	120 m²	$D = \dfrac{120}{25 \times 2} = 2.4$	3			
	照明器具取付け	30 台	$D = \dfrac{30}{15 \times 1} = 2.0$	2			
	壁ビニルクロス張り	300 m²	$D = \dfrac{300}{40 \times 2} = 3.8$	4			
	床タイルカーペット張り	120 m²	$D = \dfrac{120}{40 \times 1} = 3.0$	3			
	ソフト幅木取付け	120 m	$D = \dfrac{120}{100 \times 1} = 1.2$	1	18 （土日15日 ＋盆休3日）	54	182
	クリーニング	135 m²		1			
			最大作業日数4日遅れて次階の工程に 移るものとすると 　　　　　　　　　　　　2階 　　　　　　　　　　　　3階	 4 4	（土日祝日3日 ＋盆休2日） 2 3	 6 7	 188 193
検査	検査，手直し	382 m²	$D = 10 \times 0.8 \times 0.8 + 7 = 13.4$	14	2 （土日祝日2日）	17	210

各工程における所要日数の算定（2）

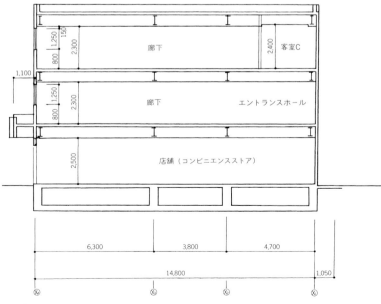

東西断面図

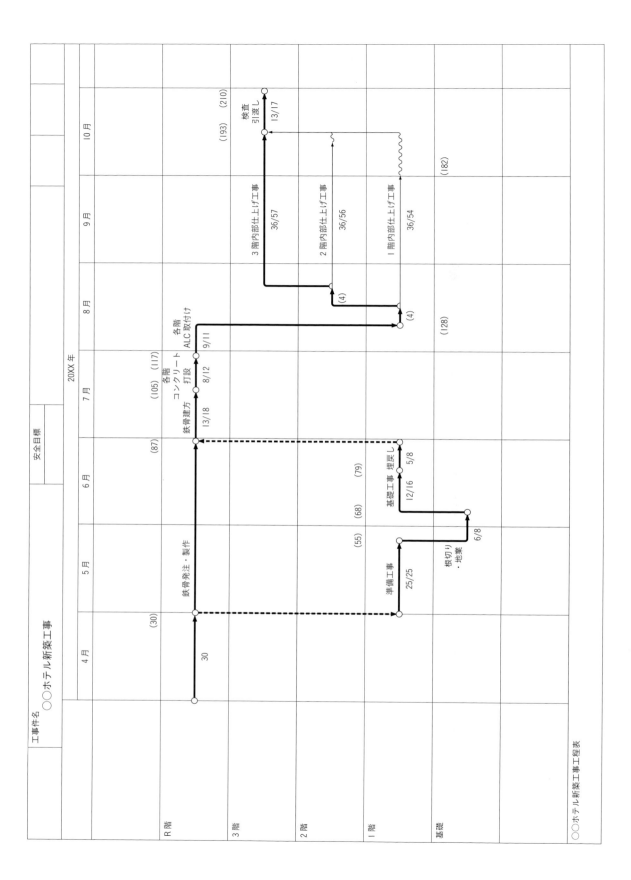

○○ホテル新築工事工程表

第 4 章

工事別歩掛り標準データ

工程計画では，作業手順を決めることと，歩掛りにより所要日数の見積りを行うことがベースになる。ただし歩掛りは，あくまで参考値である。また，歩掛りに最小値と最大値があるが平均値が正しいというものでもないので，まったく新しい未経験作業をするときや，納得のいかないときは，専門業者と相談し，意見を聴くことが大切である。以下に，歩掛りを記載するので参考値として活用してもらいたい。

準備期間

作　業　名	仕様・規格	単　位	所要日数（暦日）
沿道掘削・自費工事許可申請			
書類作成		日	10～15 日
申請期間	国道	日	30 日
〃	地方道	日	14～21 日
バス停移設		箇月	4～5 か月
鉄道沿線工事	協議等	箇月	2～6 か月
建設工事計画届			
書類作成	施工面積　1,000 m² 以下	日	20～30 日
〃	施工面積　1,000～5,000 m²	日	25～40 日
〃	施工面積　5,000～10,000 m²	日	40～50 日
届出期間		日	14 日

解体工事（鉄筋コンクリート造）

作　業　名	仕様・規格	単　位	歩　掛　り
準備期間（届出含む）	延べ面積　1,000 m²以下	日	10～20 日
〃	延べ面積　1,000～5,000 m²	日	15～25 日
内装材撤去期間	延べ面積　1,000 m²以下	日	5～10 日
〃	延べ面積　1,000～5,000 m²	日	7～15 日
地上部分コンクリート解体	圧砕機	m²/日・台	30～50 m²
〃	圧砕機	m³/日・台	15～25 m³
地下部分コンクリート解体	圧砕機・ジャイアントブレーカー併用	m²/日・組	10～25 m²
〃	圧砕機・ジャイアントブレーカー併用	m³/日・組	10～15 m³

解体工事（木造）

作　業　名	仕様・規格	単　位	歩　掛　り
準備期間（届出含む）		日	7〜10 日
木造解体	延べ面積　　100 m²以下	日	5〜10 日
〃	延べ面積　　100〜200 m²	日	10〜15 日
〃	延べ面積　　200〜500 m²	日	15〜25 日
〃	延べ面積　　500〜1,000 m²	日	25〜35 日
〃	延べ面積　　1,000〜2,000 m²	日	30〜40 日

仮設工事 I

作　業　名	仕様・規格	単　位	歩　掛　り
仕上げ墨出し	親墨・通り芯・陸墨程度	日/組（2人）	
	$A < 780$ m²	〃	約 1 日
	$780 \leq A < 1,000$ m²	〃	1〜1.3 日
	$1,000 \leq A < 2,000$ m²	〃	1.3〜2.6 日
	$2,000 \leq A < 3,000$ m²	〃	2.6〜3.8 日
	$3,000 \leq A < 4,000$ m²	〃	3.8〜5.2 日
	$4,000 \leq A < 5,000$ m²	〃	5.2〜6.4 日
仕上げ墨出し	タイル，石割り，建具仕上げ墨程度	日/組（2人）	
	$A < 600$ m²	〃	約 1 日
	$600 \leq A < 1,000$ m²	〃	1〜1.6 日
	$1,000 \leq A < 2,000$ m²	〃	1.6〜3.3 日
	$2,000 \leq A < 3,000$ m²	〃	3.3〜5.0 日
	$3,000 \leq A < 4,000$ m²	〃	5.0〜6.7 日
	$4,000 \leq A < 5,000$ m²	〃	6.7〜8.3 日
枠組足場架設	$W = 900$ mm	m²/人・日	35〜60 m²
〃	$W = 1,200$ mm		30〜60 m²
枠組足場解体	$W = 900$ mm		55〜105 m²
〃	$W = 1,200$ mm	m²/組・日	55〜100 m²
天井足場　架設	枠組 $H < 3,700$ mm	〃	130〜180 m²
〃　　解体	〃	〃	280〜380 m²

A：床面積

仮設工事 2

作　業　名	仕様・規格	単　位	歩掛り
タワークレーン組立て	型式 JCC-400 H 級	日・組（4 人）	5.0～7.5 日
〃　　解体	〃	〃	3.5～7.5 日
タワークレーン組立て	型式 JCC-75	〃	3.5～5.0 日
〃　　解体	〃	〃	3.0～4.0 日
パワーリーチ組立て	E-60	〃	2.0～3.5 日
〃　　解体	〃	〃	1.5～3.0 日
パワーリーチ組立て	E-24	〃	1.5～3.5 日
〃　　解体	〃	〃	1.0～2.5 日
人荷ELV　組立て	ロングスパンエレベータ	〃	2.0～4.0 日
〃　　解体	〃	〃	1.5～4.5 日

杭工事

作　業　名	仕様・規格	単　位	歩掛り
場所打ちコンクリート杭			
アースドリル杭打ち機械	機械搬入・組立て・解体・搬出	日・台	3～4 日
アースドリル杭　打設（小型）	φ1,000　中位以下の地盤	m/日・台	25～35 m
アースドリル杭　打設	〃	〃	30～50 m
アースドリル杭　打設（小型）	φ1,500　中位以下の地盤	〃	20～25 m
アースドリル杭　打設	〃	〃	30～45 m
〃	φ2,000　中位以下の地盤	〃	20～40 m
リバース杭打ち機械	機械搬入・組立て・解体・搬出	日・台	6～7 日
リバース杭　打設	φ1,500　中位以下の地盤	m/日・台	25～45 m
〃	φ2,000　中位以下の地盤	〃	20～40 m
〃	φ2,500　中位以下の地盤	〃	20～35 m
拡底リバース杭　打設	φ2,000　中位以下の地盤	〃	20～35 m
ベノト杭打ち機械	機械搬入・組立て・解体・搬出	日・台	3～4 日
ベノト杭　打設	φ1,000　レキ層地盤	m/日・台	15～30 m
〃	φ1,500　レキ層地盤	〃	15～25 m
〃	φ2,000　レキ層地盤	〃	10～20 m
BH杭打ち機械	機械搬入・組立て・解体・搬出	日・台	3～4 日
BH杭　打設	φ1,000　中位以下の地盤	m/日・台	15～20 m
〃	φ1,500　中位以下の地盤	m/日・台	10～15 m
深礎	φ1,200　手掘り	m/日・組	2～5 m
〃	φ1,200　機械掘り	m/日・組	5～15 m
杭頭処理		m³/日・人	1.5～2.5 m³
既製コンクリート杭			
既製コンクリート杭打ち機械	機械搬入・組立て・解体・搬出	日・台	3～4 日
中掘工法（認定）	φ600以下　中位以下の地盤	m/日・台	90～140 m
セメントミルク工法（認定）	φ600以下　中位以下の地盤	m/日・台	80～120 m

山留め工事

作業名	仕様・規格	単位	歩掛り
アポロン杭打機（ラフター）	機械搬入・組立て・解体・搬出	日・台	約 0.5 日
H形鋼打機（アポロン）	プレボーリング　中位の地盤	m/日・台	80～120 m
クローラー（三点式）	機械搬入・組立て・解体・搬出	日・台	3～4 日
H形鋼・SP 打設（クローラー）	〃	m/日・台	100～150 m
〃	バイブロ　中位以下の地盤	〃	200～300 m
H形鋼・SP 打設	圧入　柔らかい地盤	〃	120～220 m
H形鋼・SP 引抜き	バイブロ	〃	250～350 m
SMW 機	機械搬入・組立て・解体・搬出	日・台	5～6 日
SMW 柱列壁	φ550～600　柔らかい地盤	m²/日・台	80～120 m²
〃	φ550～600　レキ・土丹	m²/日・台	60～100 m²

桟橋工事

作業名	仕様・規格	単位	歩掛り
桟橋架設上部組立て	（覆工板・根太・大引き・杭頭・水平ブレース）	m²/日・組	60～75 m²
〃　下部組立て	1 段重機使用	m²/日・組	115～130 m²
〃　　〃	2 段　〃	〃	95～120 m²
〃　　〃	3 段　〃	〃	90～110 m²
桟橋架設上部解体		m²/日・組	125～140 m²
〃　下部解体		〃	130～150 m²

切梁支保工架設工事

作業名	仕様・規格	単位	歩掛り
井型切梁・腹起し架設	H300　1 段～2 段	m²/日・組	140～180 m²
〃　　〃	H400　3 段	〃	100～140 m²
〃　　〃	H400　4 段以上	〃	80～130 m²
〃　　解体	H400　4 段以上	〃	200～230 m²
〃　　〃	H400　3 段	〃	230～290 m²
〃　　〃	H300　1 段～2 段	〃	260～330 m²

地盤アンカー架設工事

作　業　名	仕様・規格	単　位	歩　掛　り
地盤アンカー	ロータリーパーカッション 1 段目 2 段目 3 段目 ロータリー　1〜2 段目 　〃　　　　3 段目	m/日・組 〃 〃 〃 〃	25〜45 m 25〜45 m 20〜35 m 16〜30 m 15〜28 m

根切り工事

作　業　名	仕様・規格	単　位	歩　掛　り
1 段根切り　0〜5 m	機械掘りバケット 0.3 m^3	m^3/日・台	70〜150 m^3
	機械掘りバケット 0.7 m^3	m^3/日・台	250〜500 m^3
	ただしダンプの運行可能台数による		
2 段　〃　　5〜10 m	機械掘りクラムシェル	m^3/日・台	140〜240 m^3
3 段　〃　　10〜20 m	〃	m^3/日・台	120〜180 m^3
4 段　〃　　20〜30 m	〃	m^3/日・台	80〜120 m^3
埋戻し	ベルトコンベアー使用	m^3/日・台	35〜80 m^3
〃	シャベル重機使用	m^3/日・台	120〜260 m^3

躯体工事（基礎）

作　業　名	仕様・規格	単　位	歩　掛　り
基礎躯体工事 RC 造	二重ピットなし　　　　$A ≦ 100\ m^2$	日・人	7〜13 日
〃	〃　　　　$100\ m^2 < A ≦ 200\ m^2$	〃	13〜17 日
〃	〃　　　　$200\ m^2 < A ≦ 400\ m^2$	〃	17〜19 日
〃	〃　　　　$400\ m^2 < A ≦ 600\ m^2$	〃	19〜21 日
〃	〃　　　　$600\ m^2 < A ≦ 800\ m^2$	〃	21〜23 日
〃	二重ピットあり　　　　$A ≦ 100\ m^2$	〃	7〜15 日
〃	〃　　　　$100\ m^2 < A ≦ 200\ m^2$	〃	15〜18 日
〃	〃　　　　$200\ m^2 < A ≦ 400\ m^2$	〃	18〜22 日
〃	〃　　　　$400\ m^2 < A ≦ 600\ m^2$	〃	22〜24 日

A：床面積

躯体工事（地上）

作　業　名	仕様・規格	単　位	歩　掛　り
地上躯体工事 RC 造	階段 5.5 m 未満		
〃	$A≦100 m^2$	日・人	10～16 日
〃	$100 m^2<A≦200 m^2$	〃	16～20 日
〃	$200 m^2<A≦400 m^2$	〃	19～23 日
〃	$400 m^2<A≦600 m^2$	〃	23～25 日
地上躯体工事 SRC 造	階段 5.5 m 未満		
〃	$A≦100 m^2$	日・人	8～12 日
〃	$100 m^2<A≦200 m^2$	〃	12～17 日
〃	$200 m^2<A≦400 m^2$	〃	16～20 日
〃	$400 m^2<A≦600 m^2$	〃	19～22 日

A：床面積

型枠工事

作　業　名	仕様・規格	単　位	歩　掛　り
独立基礎型枠組立て		m^2/日・人	6～16 m^2
地中梁　〃		〃	8～16 m^2
布基礎　〃		〃	9～16 m^2
地下壁片面型枠組立て		〃	6～12 m^2
柱型枠組立て	階高 3.5 m 以下	〃	7～13 m^2
〃	〃　3.5 m 以上	〃	5～10 m^2
内壁　〃	階高 3.5 m 以下	〃	8～16 m^2
〃	〃　3.5 m 以上	〃	7～12 m^2
大梁　〃	RC 造	〃	6～12 m^2
〃	SRC 造	〃	5～10 m^2
小梁　〃	RC 造	〃	6～12 m^2
スラブ　〃		〃	9～20 m^2
階段　〃		〃	3～6 m^2
庇・パラペット		〃	3～10 m^2
普通合板型枠組立て	RC 造全体平均	〃	8～12.5 m^2
〃	SRC 造　〃	〃	7～12 m^2
〃	壁式 RC 造	〃	7～10 m^2
型枠解体	基礎型枠	〃	55～85 m^2
〃	梁下・スラブ	〃	45～75 m^2
〃	柱・壁・梁側	〃	50～75 m^2
型枠解体・片付け	RC 造全体平均	〃	25～35 m^2

鉄筋工事

作 業 名	仕様・規格	単 位	歩 掛 り
独立基礎鉄筋組立て		t/日・人	0.35〜0.95 t
布　基礎　〃		〃	0.35〜1.05 t
耐圧盤　〃		〃	0.60〜1.20 t
地中梁　〃		〃	0.50〜1.10 t
土間　〃		〃	0.40〜1.10 t
柱　〃	RC造	〃	0.42〜0.90 t
柱　〃	SRC造（スパイラルフープ）	〃	0.36〜0.95 t
壁　〃		〃	0.30〜0.75 t
大梁　〃	RC造	〃	0.36〜0.90 t
大梁　〃	SRC造	〃	0.40〜0.90 t
小梁　〃	RC造	〃	0.35〜0.85 t
小梁　〃	SRC造	〃	0.35〜0.70 t
スラブ　〃		〃	0.40〜0.80 t
階段　〃		〃	0.20〜0.50 t
ガス圧接	D 19＋D 19	箇所/日・組	125〜210 か所
	D 22＋D 22	〃	115〜195 か所
	D 25＋D 25	〃	100〜180 か所
	D 29＋D 29	〃	85〜145 か所
	D 32＋D 32	〃	70〜120 か所
エンクローズ溶接	D 25	〃	40〜90 か所
	D 29	〃	50〜100 か所
	D 32, D 35	〃	45〜95 か所
	D 38	〃	43〜90 か所
	D 41	〃	40〜90 か所

鉄骨工事

作 業 名	仕様・規格	単 位	歩 掛 り
鉄骨建方	工場鉄骨（軽量）トラッククレーン	p/日・組・台	30〜45 p
〃	〃	t/日・組・台	10〜15 t
〃	工場鉄骨（重量）トラッククレーン	p/日・組・台	30〜45 p
〃	〃	t/日・組・台	25〜30 t
〃	重層建築トラッククレーン	p/日・組・台	30〜35 p
〃	〃	t/日・組・台	25〜30 t
〃	〃　タワークレーン	p/日・組・台	40〜45 p

※ p はピース（部材数）

鉄骨工事（つづき）

作　業　名	仕様・規格	単　位	歩　掛　り
鉄骨建方	重層建築タワークレーン	t/日・組・台	35～40 t
高圧ボルト本締め		本/日・組	250～500 本
特殊高力ボルト本締め	トルシア型	〃	240～430 本
デッキプレート敷込み	アークスポット溶接	m²/日・組	50～120 m²
現場溶接	6 m 換算　横向	m/日・人	70～100 m
〃	〃　　　下向	〃	90～140 m

特殊躯体工事

作　業　名	仕様・規格	単　位	歩　掛　り
PCa 柱建方	スプライススリーブ方式	p/日・組	20～35 p
〃	オールシース方式	〃	15～33 p
PCa 柱グラウト	スプライススリーブ方式	〃	25～40 p
〃	オールシース方式	〃	20～40 p
PCa 大梁取付け		〃	22～33 p
PCa 小梁取付け		〃	28～35 p
PCa 外壁取付け		〃	10～22 p
PCF 〃		〃	10～16 p
PCa 内壁取付け		〃	7～20 p
PCa 床板取付け		〃	15～40 p
PCf 〃		〃	20～48 p
PCf バルコニー取付け		〃	10～20 p

参考資料
標準歩掛りから
──型枠・鉄筋工事

型枠工事

構造の種類／型枠の種類	工作物の基礎程度	鉄骨造建物（ラーメン）	鉄筋コンクリート造建物（ラーメン）	鉄筋コンクリート造建物　（壁式）
普通合板型枠	14.3 m²/日・人	9.1 m²/日・人	7.7 m²/日・人	7.7 m²/日・人
合板打放し型枠	──	──	6.3 m²/日・人	6.3 m²/日・人

鉄筋工事

継ぎ手の種類／加工場所	壁構造　D13 以下が全量の半分以上重ね継ぎ手	標準ラーメン構造太物は圧接継ぎ手	鉄骨鉄筋コンクリート太物は圧接継ぎ手
工場加工組立て	0.35 t/日・人	0.42 t/日・人	0.38 t/日・人
現場加工組立て	0.33 t/日・人	0.38 t/日・人	0.34 t/日・人

スリーブ補強

1 人当たりの施工数量	太　物	細　物
スリーブ補強	0.33 t/日・人	0.26 t/日・人

構造		建方機械	ピース数 (p/日)	重量 (t/日)
工場	重量	移動式クレーン	30～45	25～30
	軽量	移動式クレーン	30～45	10～15
重層建築		タワークレーン	40～45	35～40
		移動式クレーン	30～35	25～30

機械別能率（例）

柱・大梁の建方	40 p/基・日
小梁・ブレースほかの建方	60 p/基・日
PCa コンクリート板の取付け	25 p/基・日
デッキプレート・鉄筋・仮設材の揚重	7 分/p
仮設機械の盛替え	1 日/基
クライミング	1.5 日/回

タワークレーンによる部材別の建方能率（例）

(t 当たり)

名称		全溶接 SRC造アパート (人)	鋲と溶接の併用 SRC造事務所 (人)	全溶接 S造（H形鋼）工場 (人)	全溶接 SRC造事務所 (人)	鋲と溶接の併用 S造工場 (人)
工場加工	溶接	2.50 (100 m/t)	1.89 (70 m/t)	1.40 (50 m/t)	3.45 (150 m/t)	1.40 (50 m/t)
	鋲締		0.57 (100 本/t)			0.86 (150 本/t)
現場加工	本締	1.0 (H.T.B.100 本/t)	1.20 (H.T.B.120 本/t)	1.0 (H.T.B.100 本/t)	1.0 (H.T.B.100 本/t)	1.20 (H.T.B.120 本/t)

建物種別による溶接，高力ボルトの工場・現場加工歩掛り

高力ボルトの種類 \ 建物の種類	ビル	工場建屋など	備考
一般の高力ボルト	350～500 本	300～350 本	トルクコントローラーを使用した場合，油圧ポンプの段取替えで左右される。
トルシア形特殊高力ボルト	450～700 本	400～600 本	

高力ボルト締付け作業能率表例（3人1組による）

(t 当たり)

建方機械	建物種類	鳶工（人）	備考	
三脚デリック	ビルもの，まとまったもの	0.27～0.50	鳶 4～5人/組，	10～15 t/台・日
移動式クレーン	小屋もの	0.27～0.50	〃	10～15 〃
〃	軒高の高いもの	0.37～0.63	〃	8～11 〃
〃	ビルもの，まとまったもの	0.22～0.38	〃	13～18 〃
〃	極細もの，立体トラス	0.50～0.83	〃	6～8 〃
タワークレーン	ビルもの，まとまったもの	0.20～0.36	〃	14～20 〃

鉄骨建方の手間歩掛り

(注) 1) 鉄骨量は 100 t 以上。
2) 機械据付け，移動，解体および雑作業は含まず。
3) 鉄骨量が 100 t 以下の場合は，20～50% の割増しを要する。

項目　構造　建物種類		床面積 m² 当たり			
		コンクリート m³/m²	型枠 m²/m²	鉄筋 t/m²	鉄骨 t/m²
事務所・庁舎	SRC	0.656	3.2	0.075	0.081
	RC	0.705	3.99	0.093	0.006
	S	0.282	0.72	0.025	0.103
複合ビル	SRC	0.696	4.04	0.031	0.063
	RC	0.811	4.83	0.104	0.013
	S	0.418	1.1	0.042	0.142
マンション	SRC	0.667	3.87	0.076	0.04
	RC	0.731	4.91	0.09	0.005
	S	0.251	1.76	0.03	0.096
校舎	SRC	0.822	4.42	0.091	0.063
	RC	0.827	4.43	0.108	0.002
	S	0.355	1.6	0.036	0.097
病院	SRC	0.794	3.6	0.109	0.044
	RC	0.882	4.97	0.114	0.001
体育館	SRC	0.957	4.56	0.101	0.06
	RC	0.838	5.06	0.094	0.026
	S	0.297	0.86	0.025	0.068
倉庫	SRC	0.77	2.77	0.098	0.023
	RC	0.752	3.11	0.099	0.004
	S	0.283	0.91	0.027	0.087
工場	SRC	0.632	2.67	0.077	0.059
	RC	0.715	3.78	0.087	0.001
	S	0.327	0.6	0.027	0.088

建物構造主体歩掛り概数（参考値）

（鉄骨 t 当たり）

名　　称	リベット（工場）（本）	高力ボルト（現場）（本）	溶　接	
			工場（m）	現場（m）
鋲　構　造	80～300	30～120	0～20	0～10
鋲・溶接併用構造	10～100	30～100	10～50	0～20
溶　接　構　造	0	30～100	30～200	0～30

リベット，高力ボルトの本数および溶接長さ

手溶接	25～30 m
セルフシールド	60～80 m
CO_2自動溶接	80～100 m

工事現場溶接の作業能率（6 mm 換算数値）

＊6 mm 換算とは，余盛りを含む，隅肉溶接のサイズは設計寸法の1.1倍とし，6 mm の溶接断面は次のとおりに計算する。

$$\frac{(6 \times 1.1) \times (6 \times 1.1)}{2} = 21.78 \text{ mm}^2$$

この断面の溶接長さを1.0とする。ただし，エンドタブの溶接や，工場付け仮設金物類の溶接は長さに算入しない。

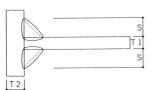

T≦16
S=0.7 T1
Sはサイズ
TはT1，T2の薄いほう

メーソンリー工事

作業名	仕様・規格	単位	歩掛り
外壁 ALC 板張り	縦張り厚 100〜150	m²/人・日	4〜17 m²
〃	〃	m²/組・日	32〜50 m²
〃	横張り厚 100〜150	〃	33〜50 m²
外壁成形セメント板張り	W＝600　t＝60	〃	28〜60 m²
内壁 ALC 板取付け	厚 75〜100	m²/人・日	5〜16 m²
〃	厚 150	〃	3〜12 m²
床 ALC 板取付け	厚 100〜120	m²/人・日	10〜25 m²
〃	厚 150	〃	7〜19 m²
壁 CB 積み A 種	厚 100〜120　一般目地	〃	6〜14 m²
〃	〃　両面化粧	〃	4〜12 m²
〃	厚 150　一般目地	〃	5〜10 m²
〃	〃　両面化粧	〃	4〜9 m²
〃	厚 190　一般目地	〃	4〜8 m²
〃	〃　両面化粧	〃	3〜6 m²

＊ C 種の場合　1〜2 m²/人・日減ずる

防水工事

作業名	仕様・規格	単位	歩掛り
アスファルト防水	密着工法立上り共	m²/組・日	80〜190 m²
〃	密着露出防水立上り共	〃	70〜155 m²
〃	密着断熱防水立上り共	〃	65〜145 m²
〃	絶縁防水	〃	70〜155 m²
シート防水	歩行用	〃	75〜150 m²
〃	非歩行用	〃	65〜140 m²
塗膜防水	歩行用	〃	80〜180 m²
〃	非歩行用	〃	80〜160 m²
伸縮目地取付け	コンクリート押え	m/人・日	30〜50 m
アスファルトシングル葺き		m²/人・日	16〜35 m²
シーリング	15×15　ゴンドラ作業	m/台・日	45〜65 m
〃	15×15　足場作業	〃	60〜90 m
〃	20×25　ゴンドラ作業	〃	35〜50 m
〃	20×25　足場作業	〃	40〜70 m

石工事

作業名	仕様・規格	単位	歩掛り
床 花崗岩張り	t=30 方形	m²/人・日	3～8 m²
〃	t=70 割り石	〃	2～5 m²
床 大理石張り	t=20	〃	3～8 m²
床 テラゾーブロック		〃	4～9 m²
壁 花崗岩張り	t=30 方形	〃	2～5 m²
〃	t=70 割り石	〃	1～3 m²
壁 大理石張り	t=20	〃	2～6 m²
壁 テラゾーブロック		〃	3～6 m²
壁 石張り	乾式ファスナー使用	〃	2～4 m²

タイル工事

作業名	仕様・規格	単位	歩掛り
壁 タイル張り	45角マスク張り	m²/人・日	5～9 m²
〃	モザイクタイル張り	〃	8～11 m²
〃	小口改良積上げ張り	〃	3～6 m²
〃	小口改良圧着張り	〃	3～6 m²
〃	小口密着張り（ヴィブラート）	〃	3～8 m²
〃	二丁掛改良積上げ張り	〃	3～6 m²
〃	二丁掛改良圧着張り	〃	4～8 m²
〃	二丁掛密着張り（ヴィブラート）	〃	4～8 m²
〃	100角改良積上げ張り	〃	3～7 m²
〃	100角接着剤張り	〃	6～13 m²
床 タイル張り	モザイクタイル張り	〃	5～10 m²
〃	100角	〃	4～10 m²
〃	クリンカータイル	〃	4～10 m²
〃	模様張り	〃	3～8 m²
階段タイル張り		〃	2～9 m²
タイル目地押え		〃	5～14 m²

屋根工事

作　業　名	仕様・規格	単　位	歩　掛　り
長尺瓦棒葺き		m²/人・日	18〜28 m²
金属折板葺き		〃	28〜50 m²
ステンレスシームレス溶接		〃	7〜14 m²

金属工事

作　業　名	仕様・規格	単　位	歩　掛　り
壁 LGS 組立て	H≦3.0m	m²/人・日	24〜50 m²
〃	3.0＜H≦3.7m	〃	20〜45 m²
壁 LGS 開口補強		か所/人・日	5〜14 か所
天井 LGS 組立て	PB 下張り用	m²/人・日	30〜55 m²
〃	直張り用	〃	25〜52 m²
天井 LGS 開口補強		か所/人・日	9〜20 か所

左官工事

作　業　名	仕様・規格	単　位	歩　掛　り
床モルタル塗り	金ごて押え	m²/人・日	12〜30 m²
〃	防水下地	〃	18〜40 m²
〃	タイル下地	〃	14〜30 m²
幅木　〃		m/人・日	6〜20 m
壁　〃	金ごて押え	m²/人・日	5〜12 m²
〃	刷毛引き	〃	6〜14 m²
〃	薄塗り塗装下地	〃	7〜20 m²
壁タイル下地		〃	6〜12 m²
壁打放し補修		〃	12〜38 m²
壁吹付タイル下地補修		〃	14〜45 m²
建具モルタル工口詰め		m/人・日	20〜38 m

建具工事

作　業　名	仕様・規格	単　位	歩　掛　り
サッシ額縁取付け		m/人・日	15〜28 m
金属建具取付け		m²/人・日	5〜18 m²
金属カーテンウォール		m²/組・日	10〜18 m²

塗装工事

作　業　名	仕様・規格	単　位	歩　掛　り
壁 リシン吹付け		m²/人・日	40〜80 m²
マスチック仕上げ		〃	26〜53 m²
複層仕上げ塗材仕上げ		〃	22〜44 m²
AEP塗り		〃	18〜25 m²
床 防塵塗料塗り		〃	28〜80 m²

内装工事 I

作　業　名	仕様・規格	単　位	歩　掛　り
床　タイルカーペット張り		m²/人・日	36〜48 m²
床　ビニルシート張り		〃	30〜70 m²
床　プラスチック系タイル張り		〃	38〜90 m²
床　ゴムタイル張り		〃	22〜47 m²
床　ニードルパンチ	接着工法	〃	36〜86 m²
床　カーペット敷き	グリッパー工法	〃	24〜60 m²
〃	接着工法	〃	35〜80 m²
幅木　ソフト幅木		m/人・日	65〜180 m
壁　プラスターボード張り	突付け厚12	m²/人・日	30〜60 m²
〃	化粧厚12	〃	26〜50 m²
〃	GL工法厚12	〃	24〜45 m²
壁　ケイ酸カルシウム板		〃	22〜45 m²
壁　岩綿吸音板張り		〃	20〜40 m²
壁　クロス張り	無地	〃	30〜67 m²
〃	柄物	〃	24〜55 m²
天井　プラスターボード下地用張り	厚9〜12	〃	30〜60 m²
天井　プラスターボード	目透し	〃	23〜45 m²

内装工事 2

作　業　名	仕様・規格	単　位	歩　掛　り
天井　化粧プラスターボード張り		m²/人・日	25～55 m²
天井　岩綿吸音板張り		〃	20～45 m²
天井　フレキシブルボードまたは太平板張り		〃	17～35 m²
天井　ケイ酸カルシウム板張り		〃	20～42 m²
天井　クロス張り		〃	25～64 m²

雑工事

作　業　名	仕様・規格	単　位	歩　掛　り
床 OA フロア取付け	一般型	m²/人・日	16～30 m²
〃	成形加工型直置き	〃	30～60 m²
床ネダフォーム敷き	和室用	〃	15～45 m²
耐火被覆吹付け	湿式厚 30	m²/台・日	90～155 m²
〃	〃　　厚 50	〃	90～130 m²
〃	ロックウール系厚 30	〃	110～180 m²
〃	〃　　　　厚 50	〃	80～150 m²

外構工事・その他工事

作　業　名	仕様・規格	単　位	歩　掛　り
桝据付け	300 角	か所/日・組	3～6 か所
〃	450 角	〃	2～4 か所
〃	600 角	〃	1～2 か所
埋設管据付け	φ100～200	m/日・組	5～8 m
擁壁間知石積み		m²/日・組	8～13 m²
鉄筋コンクリート擁壁構築	H＝2～3 m	m/日・組	2～5 m
鉄筋コンクリート塀構築	H＝1～2 m	〃	5～8 m
縁石取付け		〃	30～80 m
U 字溝敷設		〃	20～38 m
アスファルト舗装工事	路床，路盤，表層工共	m²/日・組	
	機械施工	〃	150～250 m²
	人力舗装	〃	20～45 m²
土間コンクリート舗床工事		〃	160～240 m³
タイル張り舗床工事		〃	16～30 m²
石張り舗床工事	ひき石　t＝30	〃	12～18 m²
外装クリーニング	タイル・ガラス共　足場作業	m²/人・日	60～200 m²
〃	〃　　　　　　　ゴンドラ作業	m²/人・台・日	40～150 m²

第 5 章

工程計画の新しい方向

1 合理化・工業化工法などの発展にともなう歩掛りデータの変化

現在の厳しい受注競争に打ち勝っていくためには，いかに品質管理された建物を，短工期で安く提供できるかということがポイントとなる。そのためには既存の要素技術に各社の保有技術をうまく融合させ，省力化・機械化を図るなどして，独自の商品化を追求していくことが重要になるであろう。プロジェクトの初期の段階から生産部門が参画することによって，よりいっそうその効果を上げることができる。すなわち，プロジェクトの初期の段階であれば，施工を考慮した建物づくり（生産設計技術）を設計に盛り込むことがより容易にできるので，新工法や新技術の開発や応用が可能になる。

工期短縮手法

さて，これまで工事ごとに工期の算定とともに工期短縮の方法についても紹介してきたが，工期の短縮に対しては次の三つの要素がポイントになる。

- 全体の搬送回数を減らす
- 揚重機の稼働率を向上させる
- 作業効率を向上させる

それぞれ簡単な例をあげて説明する。

(1) 全体の搬送回数を減らす

全体の躯体ボリュームが同じであれば一つのボリュームを大きくすることによって搬送回数を減らすことができる。すなわち工事と並行して，鉄骨や鉄筋を地上で地組みして一つの大きなユニットにすることにより，クリティカルパス上の作業となる建方のピース数を減らすことができると同時に，危険な高所作業が激減する。

鉄骨鉄筋コンクリート造では，鉄骨柱や梁に鉄筋を先巻きして建方することによって同様の効果がある。なかでもPCa化を採用することによって，鉄筋や型枠の組立ておよびコンクリート打設作業そのものをなくすことができる。設備工事については配管の先行揚重とユニットフロア化がポイントとなる。

留意点としてはユニット化をすると1ピース当たりの重量が大きくなるので，揚重機の選定や配置計画がたいへん重要になる。

(2) 揚重機の稼働率の向上

取付け部材の揚重機からの手離れを良くすることが揚重機の稼働率の向上につながり，同じ時間内により多くのピースを取り付けることができる。

例えば，鉄骨梁に一時預け用の部材を付けたり，外壁パネルのファスナーの改善，あるいは納まりの検討，部材形状の変更や吊り治具の改良などによって取付けを迅速に行うことができ，揚重機の手離れをよくすることができる。

(3) 作業効率を向上させる

鉄筋工や型枠技能工は，その作業のほとんどの時間を，品物を探したり運搬したりすることに要していることが調査によってわかっている。したがって品物の供給をスムーズに行うことによって取付けに専念することができるので，作業効率を向上させ歩掛りを向上させることができる。そのためには専従の搬送班のような方式がたいへん有効な手段となる。

工業化工法の採用により構造部材のPCa化や仕上げ部材を工場ユニット化したもの

工業化をさらに進展させて構造部材をPCa化することにより，在来工法に比べて性能および品質面において次のような優位性がある。
1) 工業生産により品質の均一化が図られ，高い精度が確保される。
2) 部材の接合はシーリング材によるジョイントが多く，誤差の吸収性がよく，建方精度が高い。
3) 下部に広い空間が確保できるため，設備工事や仕上げ工事などが早い時期に施工可能となる。
4) 大幅な工期の短縮と省力化が可能となる。
5) 躯体工事の現場作業が少なくなるため，資材の搬入車両が減少し，工事にともなう振動・騒音も少なく，建設公害の低減が図れる。
6) 型枠工事が少なくなるため，森林資源など，地球環境の保護に役立つ。

さてPCa板は工場で製作するのが一般的であるが，最近は工事現場でPCa板を製作するサイトPC工法が大分普及してきている。この場合は工事工程に合わせた製作ヤードやストックヤードの確保がまずポイントとなる。そして製造用の揚重機が必要になるが，これが建方と兼用できれば申し分がない。次にサイトでできるPCa板の種類であるが，タイル張りのように仕上げを施すものや形状の複雑なものはかなりの精度を必要とするので，一般的には仕上げを後から施すもの，形状の単純なものが多いようである。

躯体部材のPCa化や仕上げ部材の工場ユニット化の例としては，次のようなものが代表的である。

躯体部材
- 地中梁・梁・柱のフルPCa化あるいはハーフPCa板を打込み形枠として利用
- 外壁・スラブ・バルコニーにハーフPCa板を躯体利用（タイルやサッシの先付け）
- 階段，その他雑壁のフルPCa化

仕上げ部材
- 壁・天井・床，間仕切り，家具，トイレ・浴室，設備配管，外壁パネル等の工場ユニット化

自動化建設システム

すでに数社が実際の工事に適用しているが，どれにも共通した要素技術としては以下の三つがある。
- 全天候型の作業空間
- 作業空間の昇降システム
- 揚重設備

そして大事なことは躯体や設備・仕上げ材のプレハブ化やユニット化を進めることによって，工事現場における鉄筋工事・コンクリート打設工事を極力削減して，工事現場では主としてプレハブ化した部材やユニット部材の組立て作業を行うようにすることである。

以下に自動化建設システムの長所を列記する。
1) 工場生産された高精度のプレハブ化・ユニット化部材を使用しているため，品質が良い。
2) 部材のプレハブ化，施工の機械化により，施工精度・品質の向上を図る。
3) コンピュータによる施工管理システムが高品質の建設をバックアップする。
4) 屋根と壁に覆われているので季節や天候に左右されず，24時間連続作業も可能になり，工程が短縮できる。
5) 生産性が向上する。
6) 作業環境が向上する。
7) 施工の自動化により，技能労働者不足を解消する。
8) 作業人員の削減や工期短縮により，労務費・建設費を低減する。
9) 施工の自動化により作業者の安全性が向上する。

その他の工法について

工業化についてさらに付け加えると，最近は純鉄筋コンクリート造では困難な大スパンによる大空間の確保などを目的とした，RC（PC）造の柱と鉄骨梁からなる混合構造（ハイブリッド構造と呼んでいる）を大分見かけるようになったが，このような工法は今後さらにふえていくであろうと思われる。一方，製造業におけるCIM化[1]の傾向についていえば，例えば鉄骨製作などにおいて，その工作図作成のCAD化だけでなく，CAMデータ[2]を用いた自動機の導入により，構造設計のデータをCAMデータに変換してやれば鉄骨が製作できるように，設計と生産の統合化もかなり進展してきている。

注) 1) CIM Computer Integrated Manufacturingの略でコンピュータによる生産の統合
2) CAM Computer Aided Manufacturingの略でコンピュータを利用した製造

型枠工事の合理化

次の型枠工事と床工事の施工における合理化工法の資材，工法の代表的なものを挙げる。

(1) 柱システム型枠
(2) 壁システム型枠
(3) 梁システム型枠
(4) 床システム型枠
(5) 梁式支保工
(6) 鋼製型枠材（床型枠鋼製デッキプレート）
(7) 床鉄筋組込み型枠
(8) ハーフPCaスラブ
(9) 中空合成床版
(10) プレストレス導入合成床版
(11) プレキャストコンクリート床版

＊合理化工法を計画，採用を考えて検討されている現場は，メーカー側と，構法の手順，施工時の補強の方法，取付け金物製品および資材の納期，輸送及び楊重の方法，構造強度の確認養生方法，コスト，全体工程，安全対策等について綿密に検討することが必要です。

(1) 柱システム型枠

システム名	概要	単位重量	規格	メーカー	適用建物
アルサップ	アルミ型枠をコラムクランプを使用しボルトで固定	50～65 kg/m²	柱幅 1.2 m 程度 高さ 6.0 m 程度	㈱荒井工務店	
アルミコラム	アルミ型枠をコラムクランプを使用しボルトで固定	60～80 kg/m²	柱幅 1.3 m 程度 高さ 6.0 m 程度	朝日機材㈱ 中央ビルト工業㈱	
DECF工法＊	厚さ 25 mm の押出成形板の打込み型枠	70～90 kg/m²	高さ 5.0 m 程度	三菱マテリアル建材㈱	
スティシェルシステム工法＊	厚さ 9 mm ガラス繊維補強セメント（GRC）の打込み型枠	50～65 kg/m²	柱幅 1.2 m 程度 高さ 5.0 m 程度	日本国土開発㈱	独立柱の多い建物，店舗・駐車場・事務所等
HMC スーパーフォーム工法＊	厚さ 20～30 mm の高強度モルタルを成形した打込み型枠	70～90 kg/m²	柱幅 1.3 m 程度 高さ 6.0 m 程度	大成建設㈱ タカムラ建設㈱	
ユニコラム・ユニビーム工法＊	厚さ 30 mm の遠心成形薄肉コンクリート製打込み型枠	70～90 kg/m²	柱幅 1.3 m 程度 高さ 6.0 m 程度	清水建設㈱ エスシープレコン㈱	
TAS.FORm工法＊	厚さ 30 mm の押出成形セメント板の打込み型枠	70～90 kg/m²	柱幅 1.3 m 程度 高さ 6.0 m 程度	飛島建設㈱ ㈱ノザワ	
HPF打込み型枠工法＊	厚さ 30 mm 以下の押出成形セメント板を用いた型枠	70～90 kg/m²	柱幅 1.23 程度 高さ 6.0 m 程度	長谷エコーポレーション㈱	
NALC型枠工法＊	厚さ 25 mm の無機質押出成形板の打込み型枠	70～90 kg/m²	柱幅 1.2 m 程度 高さ 5.0 m 程度	前田建設㈱ 昭和電工㈱ 昭和電工建材㈱	
HOF工法＊	厚さ 12～30 mm の薄肉流込み成形モルタル板の打込み型枠	60～90 kg/m²	柱幅 1.2 m 程度 高さ 5.0 m 程度	㈱安藤ハザマ 太平洋セメント㈱	
オリフォームⅠ工法＊	厚さ 25 mm の薄肉流込みによる折り曲げモルタル板型枠	60～90 kg/m²	柱幅 1.2 m 程度 高さ 5.0 m 程度	㈱大林組	

＊は，メーカー以外の会社からシステム型枠の製造を依頼された場合は，製造を引き受けるか未定。

(2) 壁システム型枠

システム名	概要	単位重量	規格	メーカー	適用建物
シャタリング	木製または鋼製の面板で鋼製の端太材で成形した壁型枠	50～65 kg/m²	高さ 6.0 m 程度まで	中央ビルト工業㈱	壁の多い集合住宅や倉庫に適用
ダクタルフォーム	超高強度繊維補強コンクリートを使用した型枠で K.P.Cタイプ型枠	厚みは 20～50 mm，重量 51～145 kg/m²	重量 51～145 kg	太平洋セメント㈱	擁壁や重量感のある基礎壁に適用，曲面型枠ハンチ型枠も可能
パンチングフォーム工法	薄肉鋼板を用い建て端太とラス状のせき板をフォーミング加工した型枠パネル	30 kg/m²	幅 600 mm 長さ 4.0 m まで 高さ 1.0 m まで	岡部㈱	基礎，フーチング，地中梁，打継ぎ面，コンクリート留め材として適用
オムニア板	溶接ワイヤメッシュトラス筋を配した厚さ 80 mm の PCa板である	135 kg/m²	高さ 4.5～5.0 m 幅 2.3～3.0 m 程度	タカムラ建設㈱	基礎，フーチング，地中梁，打継ぎ面，コンクリート留め材として適用

(3) 梁システム型枠

システム名	概　要	単位重量	規　格	メーカー	適用建物
NSシステム	S造，SRC構造の鉄骨に梁型枠と足場システムを吊り下げて一体化した型枠	足場材を合算すると70～80 kg/m² 程度	型枠と足場資材およびコンクリートの重量に耐えられる鉄骨構造部材	日綜産業㈱	S造，SRC構造物の建物で，型枠，足場資材コンクリート重量に耐えられる構造の鉄骨
スティシェルシステム*	厚さ9 mm ガラス繊維補強セメント(GRC)の打込み型枠	50～65 kg/m²，6.0 m 物で300～400 kg となる	梁幅1.0 m 程度 高さ1.5 m 程度	日本国土開発㈱	梁型枠形に加工成形するため梁の長さが6.0 m から 8.0 m 程度となる大型重機が必要
HMC スーパーフォーム工法*	厚さ20～30 mm の高強度モルタルを成形した打込み型枠	70～90 kg/m²，6.0 m 物で540～600 kg となる	梁幅1.0 m 程度 高さ1.5 m 程度	大成建設㈱ タカムラ建設㈱	
ユニコラム・ユニビーム工法*	厚さ30 mm の遠心成形薄肉コンクリート製打込み型枠	70～90 kg/m²，6.0 m 物で540～600 kg となる	梁幅1.0 m 程度 高さ1.5 m 程度	清水建設㈱ エスシープレコン㈱	
TAS．FORm 工法*	厚さ30 mm の押出成形セメント板の打込み型枠	70～90 kg・m²，6.0 m 物で540～600 kg となる	梁幅1.0 m 程度 高さ6.0 m 程度	飛島建設㈱ ㈱ノザワ	
HPF 打込み型枠工法*	厚さ30 mm 以下の押出成形セメント板を用いた型枠	70～90 kg/m²，6.0 m 物で540～600 kg となる	梁幅1.0 m 程度 高さ1.5 m 程度	長谷エコーポレーション㈱	
NALC 型枠工法*	厚さ25 mm の無機質押出成形板の打込み型枠	70～90 kg/m²，6.0 m 物で540～600 kg となる	梁幅1.0 m 程度 高さ1.5 m 程度	前田建設㈱ 昭和電工㈱ 昭和電工建材㈱	
HPF 工法*	厚さ12～30 mm の薄肉流込み成形モルタル板の打込み型枠	60～90 kg/m²	梁幅600 mm 程度 高さ1.0 m 程度	㈱安藤ハザマ 太平洋セメント㈱	押出成形板を使用した型枠材は，長さ6.0 m 程度の梁型枠を形成することは可能である
オリフォームI工法*	厚さ25 mm の薄肉流込みによる折り曲げモルタル板型枠	60～90 kg/m²	梁幅600 mm 程度 高さ1.0 m 程度	㈱大林組	
DECF 工法*	厚さ25 mm の押出成形板の打込み型枠	70～90 kg/m²	梁幅1.0 m 程度 高さ1.5 m 程度	三菱マテリアル建材㈱	
ビームブラケット	アルミ合金使用のノンセパ施工の梁型枠金具	30～40 kg/m²	梁幅723 mm 程度 梁成89 mm 程度	中央ビルト工業㈱	RC造，SRC造の梁型枠として採用可能
ミニフライングショアー	梁型枠と移動式支保工が一体形となりシステム化された支持装置	支保工共60～80 kg/m	ビームブラケットを600 ピッチで支える	中央ビルト工業㈱	

＊は，メーカー以外の会社が梁型枠の製造を依頼した場合，製造を引き受けるか未定。

柱用システム型枠I型

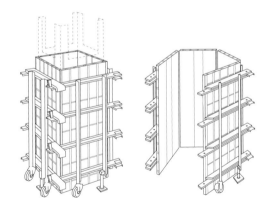

シャタリング

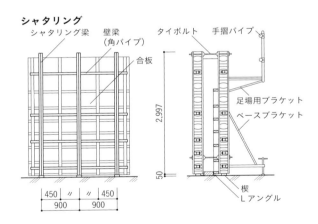

HMC 型枠工法

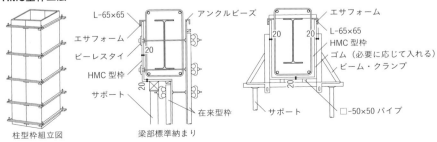

(4) 床システム型枠

システム名	概要	単位重量	規格	メーカー	適用建物
フライングショアー	従来のパネル・根太・大引・パイプサポートを一つにまとめ床版大パネルと枠組足場を一体化し、そのまま水平、垂直移動ができるようシステム化された型枠支持装置	枠組 1.8×1.8 m、高さ1.8 m 1 枠での重量は、移動用のドーリーを含むと約 90 kg となる	枠組足場外枠 FO-1815 が基準 高さは 5,610 mm が基準	中央ビルト工業㈱ 朝日機材㈱	倉庫・駐車場・ショッピングセンター等、広い空間を形成する建物の手間の削減、工期短縮化に効果がある
フリースパンフォーム（スラブ専用鋼製型枠）	スパン 2.5～3.0 m 程度のスラブに鋼製型枠を取り付け。従来の支保工（サポート）が最大 66％削減可能	12～20 kg/m² で合板型枠替り	スライド式と固定式があり、スパン 2.5 m から 3.0 m がスライド式の仕様、幅は 600 mm まであり、固定式は 600×1,000 mm が標準	㈱ヒロセ	共同住宅・ビル建築・合板スラブ型枠を使用する建物に広範囲に適用可能

(5) 梁式支保工

システム名	概要	単位重量	規格	メーカー	適用建物
アルガーダー（アルビキ）	アルミ製大引き材	6.2～6.4 kg/m	幅 80 mm 高さ 200 mm	中央ビルト工業㈱	スラブ・梁受け材の大引き材として使用する
ペコビーム	内外ビームの両ビームが抜差し式になった伸縮自在の梁受け材	最大 2 本つなぎで 53.6 kg、3 本つなぎで 79.2 kg	外ビーム 2.9 m、内ビーム 2.8 m 3 本つなぎが可能	中央ビルト工業㈱	
軽量ビーム AX	6 形式があり、14 型、8 型、25 型、32 型、39 型、46 型固定箇所の寸法は 115 mm 梁支保工	14 型－11.3 kg 46 型－35 kg	許容端部反力は 7.05 kN	㈱岡部	
ホリービーム AX	梁の上部にさん木が入る構造となっているコンパネを釘留めできる梁支保工	11.3 kg～35 kg/m	AX11-14、14-18、18-25、25-32、32-39、39-46 の 6 セット	SRG タカミヤ㈱	

フライングショアー

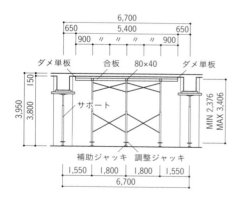

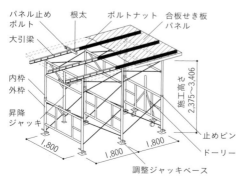

ホリービームAX

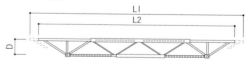

ペコビーム（2本つなぎ，3本つなぎ）

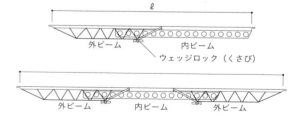

(6) 鋼製型枠材（床型枠鋼製デッキプレート）

システム名	規格	単位重量	メーカー	特徴
Lデッキプレート	厚さ 0.8～1.6 mm 幅 630 mm	12.6～24.5 kg/m²	関包スチール㈱	Lデッキは各タイプがあり，Lタイプ630・Aタイプ610・Bタイプ520・Cタイプ
キーストンプレート	厚さ 0.8 mm 幅 650 mm	9.06 kg/m²	関包スチール㈱ 明治鋼業（株）	キーストンプレートは型枠替りとして使用するが，0.8 mm厚Lデッキと比較して断面係数は半分しかなく，在来工法と同様の支保工（パイプサポート）が必要である
SFデッキプレート	厚さ 0.8～1.6 mm 幅 630 mm	12.5～24.4 kg/m²	日鐵住金建材㈱	SFデッキは4タイプあり，エンボス加工がされている。高さは75 mmで水抜き孔も，端部に釘穴とずれ留め釘穴も設置されている
SFキーストンプレート	厚さ 0.8 mm 幅 863 mm	9.06 kg/m²	日鐵住金建材㈱	キーストンプレートの高さは20 mmであり，在来型枠と同様に支保工（パイプサポート）が必要である
ハイパーデッキ	厚さ 1.0～1.6 mm 幅 600 mm	14.4～22.4 kg/m²	日鐵住金建材㈱	デッキ合成スラブ用でエンクローズ形状となっている。山の高さは120 mmであるが，鉄骨面より75 mmの高さを保ち，耐火構造認定を取得し許容スパンは2.0～4.5 mまで可能
スーパーEデッキ	厚さ 1.0～1.6 mm 幅 600 mm	12.2～19.0 kg/m²	日鐵住金建材㈱	耐火補強筋不要耐火認定を取得し，山上60 mm，最軽量1時間耐火認定を取得している。合成スラブ用と屋根用建材として使用され，2時間耐火でスパン2.7 m，1時間耐火でスパン3.0 mが可能
QLルーフ	厚さ 1.2～1.6 mm 幅 600 mm	12.5～19.0 kg/m²	ＪＦＥ建材	合成スラブ用で屋根用金属下地材として屋根30分耐火の認定を取得。支持スパンは2.6～4.55 mまで，デッキの高さは75 mmでS造の屋根下地材として適用する
QLデッキプレート	厚さ 1.0～1.6 mm 幅 600 mm	12.5～19.0 kg/m²	ＪＦＥ建材	デッキプレートの表面にエンボスが施されており，コンクリートとの付着性を増大しているデッキの高さは50 mm，75 mmとあり，スパンにより選別が可能
JFデッキプレート	厚さ 0.8～1.6 mm 幅 630 mm	13.0～25.2 kg/m²	ＪＦＥ建材	フラットデッキとして公共建築協会仕様としてJF75，JF75Wも用意されている。表面はエンボス加工され，高さは通常のフラットデッキと同じ75 mmである
アクロスデッキ	厚さ 0.8～1.6 mm 幅 400 mm	14.8～28.5 kg/m²	日鐵住金建材㈱	床・屋根用建材として高荷重・ロングスパン対応のフラットデッキプレートである。製品長さ1.0～6.0 mまで。高さは90 mmである
V50形デッキ	厚さ 1.2～1.6 mm 幅 614 mm	13.9～18.2 kg/m²	日鐵住金建材㈱	床・屋根用建材として高さは50 mmでエンドクローズ形状に加工されている
U_A・U_AN形デッキ	厚さ 1.2～2.3 mm 幅 600 mm	16.3～30.2 kg/m²	日鐵住金建材㈱	床・屋根用建材として高さは75 mmでエンドクローズ形状に加工されている。3 m程度のスパンに適用される
SPスラブプレート	厚さ 1.6～6.0 mm 幅 570 mm	21.6～76.6 kg/m²	日鐵住金建材㈱	大スパン用で開発され高さは97.3 mmである
KP-1キーストンプレート	厚さ 0.8～1.2 mm 幅 650 mm	9.34～13.6 kg/m²	日鐵住金建材㈱	スパンの短い床材に適用，高さは25 mm
UK_A・UK_ANデッキ複合スラブ	厚さ 1.0～2.3 mm 幅 650 mm	13.0～28.6 kg/m²	日鐵住金建材㈱	デッキプレートの溝を利用して，一方向に配筋する鉄筋コンクリートスラブで活用。高さ75 mmでエンドクローズ形状に加工され，スパンは最大3.6 m程度で耐火2時間も可能
$V50_A$デッキプレート	厚さ 1.2～1.6 mm 幅 614 mm	13.9～18.2 kg/m²	日鐵住金建材㈱	デッキ複合スラブ用として床・屋根用の下地材に活用される。UK_AN材と同様に使用される
ITECフラットデッキ	厚さ 0.8～1.6 mm 幅 630 mm	8.12～15.8 kg/m²	㈱アイ・テック	エンドクローズ加工があり，溶融亜鉛めっき鋼板を使用。高さは75 mm 4タイプがある
雪印Fデッキプレート	厚さ 0.8～1.4 mm 幅 630 mm	12.8～21.94 kg/m²	日鐵住金鋼板㈱	コンクリート厚さ150 mmで1.4 mm厚を使用し，スパンの最大は3.02 m。エンドクローズ加工されている
アイデッキフロア75	厚さ 0.8～1.6 mm 幅 621 mm	12.7～25.0 kg/m²	日鐵住金鋼板㈱	6タイプがあり，エンドクローズ加工済み。通常のフラットデッキと同様タイプ
フラットデッキ100	厚さ 0.8～1.6 mm 幅 525 mm	12.7～25.0 kg/m²	日鐵住金鋼板㈱	エンボス加工され，またエンドクローズ加工もされている

工法概念図

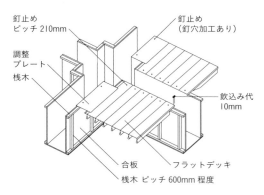

アイデッキフロア75（日鐵住金鋼板）

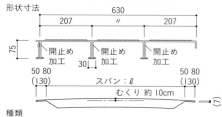

雪印Fデッキ（日鐵住金鋼板）

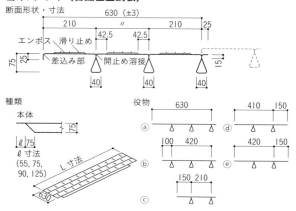

断面形状

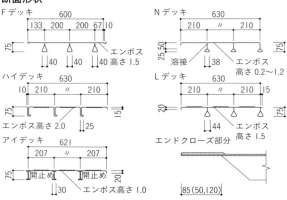

型枠用・構造用デッキプレート

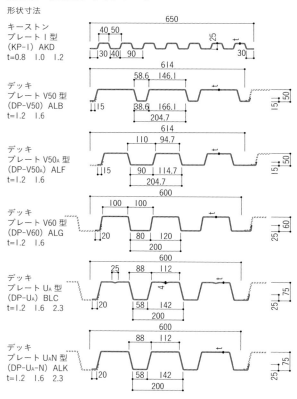

構成および材料

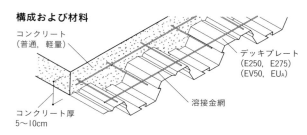

(7) 床鉄筋組込み型枠

システム名	規　格	適用スラブ	メーカー	適用スパンと特徴
鉄筋組込Rデッキ	トラス筋成：65〜230 mm 縦筋：D10, D13 横筋：D10 ラチス：φ5, φ6 ピッチ：主－135 mm ピッチ：副－200 mm	135〜220 mm 135〜255 mm 200〜305 mm	JFE建材㈱	10.0〜12.0 mまで製造可能。輸送の限界は，10.0 m。Rデッキタイプは6種類
ファブデッキ	トラス筋成：80〜155 mm 縦筋：D10, D13 横筋：D10 ラチス：φ5, φ6, φ7 ピッチ：主－150 mm ピッチ：副－200 mm	110〜185 mm	伊藤忠丸紅住商テクノスチール㈱	用途として，S造，SRC造，RC造，PCa/PC造の厚さ120 mm以上の構造床に使用できる ユニット工法，SRC造は先行敷込みもある
スーパーフェローデッキ	トラス筋成：65〜230 mm 縦筋・横筋：D10, D13 ラチス：φ5.6.7 ピッチ：主－100 mm ピッチ：副－200 mm	135〜300 mm	ケンテック㈱	高耐食性を要求される床材は，日新製鋼㈱の高耐食溶融亜鉛めっき鋼板 ZAM-80 g/m² を使用可能
フェロープロトデッキ	トラス筋成：70〜150 mm 縦筋・横筋：D10, D13, D16 ラチス：φ6 トラスピッチ：150 mm	120〜220 mm	㈱東京富士昭	フェロープロト（エコ）デッキは，上端主筋と下端主筋をラチス材で溶接した鉄筋トラスに吊り材を介して亜鉛めっき鋼板に溶接した製品。デッキ幅は600 mmで製品長さは600〜7,000 mmまで可能
フェローエコデッキ	トラス筋成：70〜150 mm 縦筋・横筋：D10, D13, D16 ラチス：φ6 トラスピッチ：200 mm	120〜220 mm	㈱東京富士昭	
EVパネルデッキ床板	トラス筋成：35 mm 縦筋：D13, D16 ラチス：φ6 トラスピッチ：100〜200 mm	250〜350 mm	㈱東京富士昭 ㈱エコボイド	平均板厚196〜248 mmのスラブが可能。床板の幅は450〜600 mmのデッキ型枠である
アルケール配筋床版	配力筋製品幅：500〜2,200 mm 配力筋：D6, D10, D13 繋ぎ筋：D6, D10, D13 フェローデッキの上に敷く	製品長さ：1.0〜3.0 m	㈱富士昭サンマテック	配力筋のユニット化に合わせて，フェローデッキ主筋方向を繋ぐ連結筋をユニット化した梁上連結ユニット筋である

工法概念図

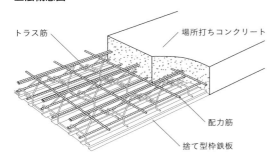

ファブデッキ標準納まり

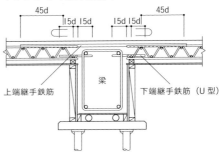

フェローデッキ標準納まり

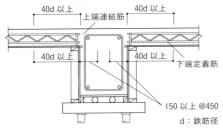

ファブ鉄筋詳細寸法

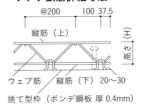
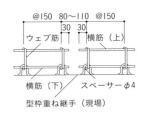

(8) ハーフ PCa スラブ

システム名	製品厚さ	スラブ厚さ	トラスピッチ	主筋径	合成方式	メーカー	適用建物と適用スパン
オムニア板	40～80 mm	120～200 mm	200～600 mm	下端筋 D10 @ 250 ピッチ	粗面仕上げ+ラチス筋	タカムラ建設㈱	共同住宅, 事務所ビル, 倉庫等で使用され, 3.0 m まで支保工なしで施工が可能
カイザースラブ	50～100 mm	150～600 mm	200～600 mm	上端筋・下端筋 D10～D16	粗面仕上げ+ラチス筋	ケイコン㈱	工場で製作した PCa 板を現場で兼用型枠として配置し, その上面に上端配筋を行い現場打ちコンクリートで一体化したスラブ

(9) 中空合成床版

システム名	製品厚さ	スラブ厚さ	ボイド型枠	主筋径	ボイド径	メーカー	適用建物と適用スパン
オムニア板	40～80 mm	50＋ボイド径＋80 mm	幅 400～1,200 mm	D10, D13	80～100 mm	タカムラ建設㈱	小梁不要で自由度の高い住戸プランが可能。長さは 2.0～7.0 m 程度まで可能
カイザースラブ	50～100 mm	60＋ボイド径＋80 mm	幅 400～1,200 mm	D10, D13	80～100 mm	ケイコン㈱	小梁不要の現場打ちコンクリートで中空スラブで長いスパンが得られる。ベースはカイザースラブであるが, 上端筋と下端筋で剛性が高いスラブを得られる
KV パネルデッキ床版	200～300 mm	75＋ボイド径＋75 mm	幅 350～580 mm	D10, D13	100～150 mm	㈱東京富士昭	品質と精度が良く, 下端筋が工場でセットされているため配筋の乱れがなく, KV パネルデッキ床版の長さに加工できる
スーパー KH ボイドスラブ	60～100 mm	70＋ボイド径＋80 mm	幅 400～1,200 mm	D10, D13	80～190 mm	㈱イズコン	小梁不要で自由度の高い住戸プランが可能。長さは 2.0～7.0 m 程度まで可能

トラス筋入り合成床版工法概念図

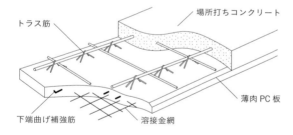

断面形状

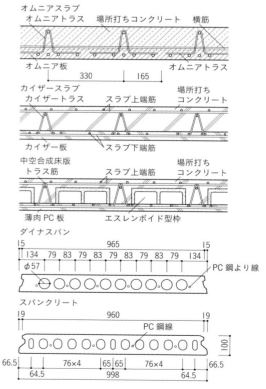

(10) プレストレス導入合成床版

システム名	概要	単位重量	規格	メーカー	適用建物
合成床工法（KS床版）	KS床版は高強度コンクリートを使用し，プレストレスを導入したプレストレスコンクリート構法の工場製品である	KS-150タイプで厚み200 mm，重量1,695 kg，標準スパン5.5 m程度	実断面 KS-130，KS-150がフラット形，中空断面では，KS-200からKS-350形があり，中空形はスパン8.0 mから9 mのものもある	プレストレスト・コンクリート建設業協会	マンション・オフィスビル等のフラットな大空間を形成する建物に適用する
FR板スラブ工法	リブ付きプレキャストコンクリート板で，リブ部に配置されたPC鋼材にプレストレスを導入	標準自重は 1.52 kN/m²	ボイドまでの高さは，150 mm（35＋115 mm）でその上にスラブが最低厚さ57 mmを打設。スラブ厚さは，207〜350 mmが可能	㈱富士ピー・エス	FR板ボイドスラブの幅は2.0 m 長さは，1.2 mから6.0 mが製造可能で，共同住宅や倉庫等に適用される
スパンクリート合成床	大スパンが可能，軽量化が図れる，長期撓みが少ない，水平力の伝達が可能，合成梁の設計が可能，大荷重や移動荷重に強い，耐火性に優れる，床衝撃音遮断性に優れる。PS鋼線にプレストレスを導入	スパンクリートの厚み：85〜315 mm 現場打ちコンクリート60〜200 mm 現場打ちコンクリート60 mm，床厚み80 mmで3.67 N/m²	標準厚さ：70〜400 mm 厚さ100 mmで使用する場合，スパンは3.91 mまで可能 屋根材として2時間耐火性能，厚さ150 mmの時スパンは7.0〜8.0 mが可能	㈱スパンクリートコーポレーション	高層の集合住宅，ホテル，事務所ビル等の床版として，その上に現場打ちコンクリートを打設する工法も可能

(11) プレキャストコンクリート床版

システム名	概要	単位重量	規格	メーカー	適用建物
CTGスラブ	矩形型CTGスラブ形状寸法：H＝200〜250 mm チャンネル型CTGスラブ形状寸法：H＝300〜500 mm	CTG-200：5.2 kN/m² CTG-250：6.3 kN/m² CTG-300：6.9 kN/m²	呼び名 CTG-200：高さ200，幅996 mm，自重475 kg/m 呼び名 CTG-250：高さ250，幅996 mm，自重600 kg/m 最大適用スパン4.8 m：CTG-500で10.8 m	ジオスター㈱	駐車場や店舗進入路等，重量車両等が通行する床材としてPCaスラブを並べて使用

矩形型CTGスラブ（ジオスター）形状寸法（H＝200〜250 mm）

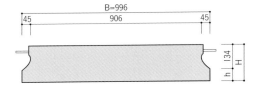

呼び名	寸法（mm）			抵抗曲げモーメント（kN・m）	自重（kg/m）	断面二次モーメント 1×10^6（mm⁴）
	H	B	h			
CTG-200	200	996	66	73	475	639
CTG-250	250	996	116	97	600	1,248

チャンネル型CTGスラブ（ジオスター）形状寸法（H＝300〜500 mm）

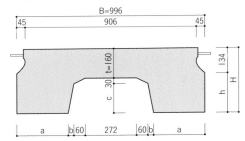

呼び名	寸法（mm）						抵抗曲げモーメント（kN・m）	自重（kg/m）	断面二次モーメント 1×10^6（mm⁴）
	H	B	a	b	c	h	t		
CTG-300	300	996	280	22	110	166	160	159	586	1,623
CTG-350	350	996	270	32	160	216	160	196	654	2,529
CTG-400	400	996	160	42	210	266	160	234	721	3,710
CTG-450	450	996	250	52	260	316	160	337	784	5,189
CTG-500	500	996	240	62	310	366	160	384	846	6,981

工業化・省力化工法例（計画概要）

この現場で採用した工業化省力工法は，①システム型枠，②PCa大梁，③床ハーフPCa板，④バルコニーPCa板である。これらの工法を使用することにより，1フロア6日で躯体が構築される。

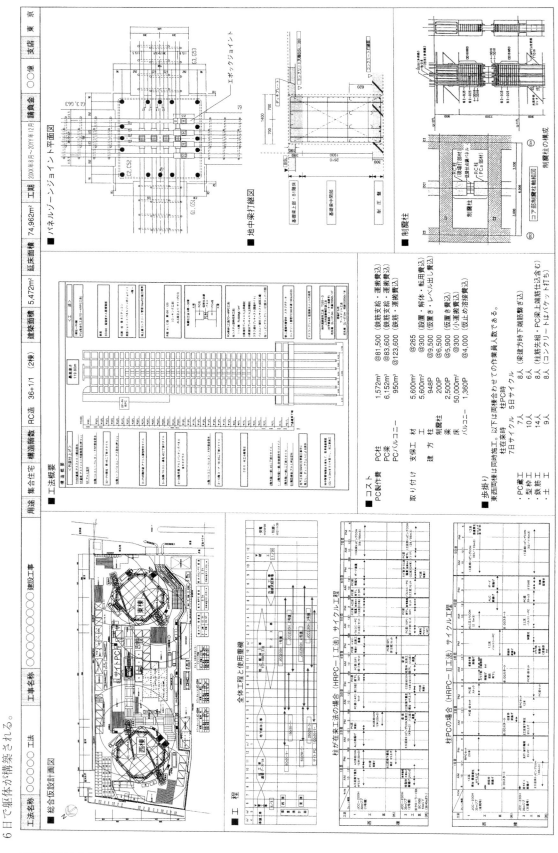

工業化省力化工法例（施工記録）

| 工法名称 | ○○○○○○工法 | 工事名称 | ○○○○○○○○ | 建設工事 | 設計 | ○○設計事務所 | 用途 | 集合住宅 | 構造階数 | RC造 36+1/1（2棟） | 建築面積 | 5,472m² | 延床面積 | 74,962m² | 工期 | 20XX年8月～20YY年12月 | 支店 | 東京 |

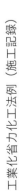

建物全景

1. 地中梁筋の先組み
2. PC大梁端部（上端コッター付）
3. PC大梁建方前上端筋仕込み
4. 先組柱筋取付（HRPCⅠ工法）
5. PC柱建方（HRPCⅡ工法）
6. PC大梁取付
7. 大梁下端筋パネルゾーン内ジョイント（建方時に結合）
8. 大梁上端筋パネルゾーン内ジョイント
9. パネルゾーン回りCON打ち分けエアーフェンス型枠
10. 制震柱（下側はPC、上側は在来）
11. 躯体施工状況

建築工程表の作成実務　第三版

1998年 5月30日	第1版 発行
2003年12月10日	第2版 発行
2019年 2月10日	第3版 発行
2024年 6月10日	第3版 第4刷

編著者	工 程 計 画 研 究 会
発行者	下　出　雅　徳
発行所	株式会社　彰　国　社
	162-0067　東京都新宿区富久町8-21
	電　話　03-3359-3231（大代表）
	振替口座　00160-2-173401

著作権者との協定により検印省略

自然科学書協会会員
工学書協会会員

Printed in Japan

© 工程計画研究会　2019年　　　　印刷・製本：壮光舎印刷

ISBN 978-4-395-32130-8 C 3052　　https://www.shokokusha.co.jp

本書の内容の一部あるいは全部を，無断で複写（コピー），複製，および磁気または光記録媒体等への入力を禁止します．許諾については小社あてにご照会ください．